TÜRKÇE
ÖĞRENİYORUZ 6
Fen Bilimlerinden Örnek Metinler

GW00362685

engin

Yazışma Adresi: Mehmet Hengirmen
Selanik Caddesi No: 28/6
Kızılay / ANKARA

Engin Yayınevi : Selanik Cad. 28/6 Kızılay - Ankara
Tel : 0-312-419 49 20 - 21
Faks : 0-312-419 49 22
Basım Tarihi : ARALIK 1993
Basımevi : Nurol Matbaacılık A.Ş. 433 32 24 - 25 ANKARA

İÇİNDEKİLER

Anne Sütü.. 7-9

Gülmek ve Ağlamak Üzerine... 10-12

Pamukkale.. 13-18

Neden Esneriz.. 19-22

Hiçbir İnsan Diğeri Gibi Düşünmez.................................... 23-27

Isaac Newton... 28-31

Güneş Işığı Kirli Suların Arıtılmasında

    Çok Etkili Oluyor...32

Dolunay Korkusu... 33-35

Daha Önce Burada Bulunduk mu?....................................... 36-40

Kimyasal Silahlar.. 41-44

AIDS'le İlgili 16 Gerçek.. 45-47

Babasının Oğlu... 48-51

Bir Mevsim Boyu Uyku... 52-56

Şişmanlık Bir Hastalık mıdır?... 57-63

Parlak Zekalar.. 64-67

Bilimin Öncüleri Lavoissier.. 67-71

Stresin Biyokimyasal Temelleri... 72-76

26 Eylül 2000'de Dünyamıza

    Bir Göktaşı mı Çarpacak?..................................... 77-81

Sağlık ve Egzersiz... 82-85

Hayat Elden Kaçarken... 86-89

Elma Kesilince Neden Kararır?.. 90-92

Alkolizmi Önleyen Protein... 93-94

Türk-İslam Medeniyetinde Astronomi Çalışmaları.................. 95-99

Şimşeğin Sırları.. 100-102

İşte Doğa.. 103-104

Bellek Eridiği Zaman 105-108

Elektrik Çarpması 109-111

Amazon Ormanları Ölüyor 112-116

İnsan Aklının Ölçümü 117-120

Ölümün Eşiğinde 121-125

Burnunuzdaki Pusula 126-129

Sadece Bir Deri Kalınlığı 130-134

Doğanın Antikorları 135-139

Uzaydan Gelen Canlılar 140-143

Korkuyla Savaşanlar 144-148

Görmek Gerçekleştirmektir 149-152

UFO'lar Gerçek mi, Yoksa Sanrı mı? 153-156

Aslan Efsanesi 157-161

ÖNSÖZ

Türkçe Öğreniyoruz'un ilk dört cildinde daha çok öğrencinin kolayca anlayabileceği metin ve diyaloglara yer verilmiştir. Oysa gerçek yaşamda karşımıza her türlü konuda çeşitli yazılar çıkmaktadır. Özellikle üniversitelerimizde okuyacak öğrencilerimiz, fen ve sosyal bilimler konularında sınırsız bir terim dünyasıyla karşılaşacaklardır. Bu nedenle, öğrencilerimizin TÖMER'de öğrendikleri Türkçeyi unutmamaları ve daha iyi pekiştirmeleri için **Branş Türkçesi** *öğrenimi görmeleri düşünülmüş ve bu kitap hazırlanmıştır.*

Bu kitapta, **tıp, astroloji, çevre, biyoloji, kimya ve uzay bilimleri** *konularını içeren metinler seçilmiştir. Metinlerin seçiminde Bilim ve Teknik Dergilerinden, Bilim ve Teknik Ansiklopedisinden, günlük gazetelerden ve güncel kitaplardan yararlanılmıştır. Bu metinler öğrencilerin* **fen bilimleriyle** *ilgili konularda kelime ve terim dağarcıklarını geliştirecek ve üniversitedeki öğrenimlerini kolaylaştıracaktır.*

Dr. Mehmet HENGİRMEN

ANNE SÜTÜ

Halûk NURBAKİ

Çağımız biliminin ulaştığı en önemli aşama, konuları inceleme tarzında seçtiği yoldur. Bilim çeşitli çağlarda çok farklı biçimde yorumlandı. Özellikle 19'uncu yüzyılda bilim, bir olayı laboratuvardaki görüntüsü içinde varsaydı. çağımız bilimi ise, tüm konularda kuru laboratuvar bulgularını akılcı bilim penceresinden yorumlamayı öğrendi. Bu mükemmel kavram, Einstein ve Haisenberg gibi büyük bilim adamlarının fiziğin temel ilkelerini laboratuvardan ötede kurmalarından gelişti.

Laboratuvarlar sonuç getirmez, akılcı bilime ışık tutar. Kuru pozitivist görüşün hiçbir ciddi yorum getirmediği, mutlaka bilimsel sonuçların akılcı bilim metodlarıyla dahiler tarafından yorumlanabileceği artık bilinmektedir.

Nitekim; atom çekirdeği konusunda öğrendiklerimizin tümü, tamamen akılcı bilimle yapılan dahiyane yorumlardan ibarettir. Laboratuvarlarla, akılcı bilimin yorumu arasındaki ilişki ne kadar mükemmelse bilimsel sonuç o kadar gerçektir. Eğer akılcı bilimin şahane yorumları olmasa, halâ atom çekirdeğini gezegenlere benzetip duracaktık. İnter aksiyon enerjisinin akılcı bilimden gelen yorumu sayesinde fizik, manyetik ve elektro-manyetik enerjilerin sırrını öğrenebildi.

Bilimdeki bu geniş pencereden olayları seyretme geleneği, artık bilimin en temel kuralı olmuştur.

Bu gerçeklerin ışığı altında anne sütü olayını açıklamak istiyorum.

Uzun yıllar anne sütünde demir eksikliği tartışıldı. Çünkü laboratuvarın kaba çizgili raporları, bebeğin demir ihtiyacı ile anne sütündeki demir miktarı arasında bir çelişki tespit etmişti. Anne sütündeki demir, bebeğin günlük demir ihtiyacından azdı. Olayın tespitinden pek memnun görülen mama firmaları hemen atağa geçip anne sütü yerine mamayı yerleştirdiler.

Ortada eksik olan neydi? Bence biri çıkıp akılcı bilim açısından yorum yapmamıştı. Denilebilir ki; bu laboratuvar sonucunu bilim adamı başka türlü yorumlayamazdı. Ancak yazının başında değinildiği gibi, dünkü bilim adamında eksik olan, olaylara geniş açıdan bakma alışkanlığının olmayışıdır. O devrin bilim adamı, en azından anne sütüyle beslenen bebeklerin daha sağlıklı olduğunu gözlemek zorundaydı. Nitekim bu çağlarda çok ünlü bir bilim adamı Ord. Prof. Eichstein bu sonucun derinlemesine araştırılması gerektiğini savundu ve anne sütünden vazgeçmedi. Otuz yıl önce yaşanan bir tartışma sırasında bebeklerin karaciğerinde kan yapıldığı biliniyordu. Fakat kimse laboratuvar sonuçlarını bu açıdan inceleyip yorumlamayı düşünmek istemedi.

Bu çağlarda daha büyük bir yanlışlık yapıldı. Bebeklere ağızdan ilaç şeklinde demir verildi. Halbuki bebek bağırsağının epiteli, demire karşı çok hassastı ve uzun süre bağırsaklarında besin emme düzeni bozulan bir kuşak ortaya çıktı. Sanki fakir ülkelerde beslenme bozukluğuyla çile çeken bebeklere, dünyanın zengin ülkelerinde tıbbi hata ile yenileri katılıyordu.

Sonunda olay anlaşıldı: Bebeklerin yaşamlarının ilk sekiz ayında kan bebeğin karaciğerinde yapılır. Kemik iliği daha sonraki yıllarda faaliyete geçer ve karaciğerinden kan yapımını devralır. Bebek bağırsakları demire karşı hassas olduğu için bebek karaciğerine 6-8 aylık demir depo edilmiş olarak doğar. İşte anne sütünde demirin eksik olma nedeni budur.

Bu harikulade hassas biyolojik olayın tespitinden sonra, Birleşmiş Milletler Sağlık Teşkilatı anne sütü konusunda mama endüstrisinin dev çıkarlarını sınırlamak için olaya el koydu. Mama reklamları sırasında anne sütünün öğülmesini zorunlu kıldı.

Anne sütünün eleştirisi bambaşka bir yeni araştırmaya neden oldu. Anne sütü üzerinde araştırma yapan bilim adamları anne sütünde, özellikle ilk altı ayda tüm hastalıklara karşı bağışıklık maddeleri olduğunu tesbit ettiler.

Bugün iyice bilinmektedir ki; ilk altı aylık anne sütünde, virütik hastalıklara, çeşitli ateşli hastalıklar yapan streptekok ve stafilokok gibi bakterilere karşı bağışıklık maddeleri vardır. Anne sütündeki bu immunoglobulinler bebeklerde bademciğin çalışmaya başladığı altıncı aya kadar devam eder.

Anne sütüyle bebek arasındaki bu harikalar harikası iletişim öylesine sağlamdır ki; bebek ve anne adeta bayrak yarışı gibi emaneti elden ele sunar.

Bu arada çok önemli bir noktaya değinmeden geçmeyelim. Bebeklerin yapılarında aşırı olan birçok besin, kanıların aksine fevkalade sakıncalıdır. Aminoasitlerin çok karışık zincirleri çeşitli globulinler bebeklere çoğu kez besin yerine zehir etkisi yapar. Halâ eski alışkanlıklara uyarak bebeklere beyin, karaciğer gibi besinlerle takviyeye kalkmak çok ciddi bilimsel bir hatadır.

Bebekler nasıl bademcikler teşekkül edene kadar bağışıklık açısından anne sütü garantisi altında iseler, dişler çıkana kadar da besin açısından anne sütü garantisindedirler. Ek beslemeler daima hekim kontrolü altında yapılmalıdır.

Çocukların ruhsal yapılarının incelenmesinde ünlü Filipinler araştırması anne sütünün önemine bir kat daha önem katmıştır. Bu deneyde bilim adamları dünyanın çeşitli ülkelerinde çocuklarda ruh hastalıkları oranını incelemiştir. Filipinlerde ve Endonezya adalarında ruh hastası çocuklara minimum düzeyde rastlanmıştır. Bu uzun araştırma sonucuda çocuklarda güven duygusunun, ancak anneyi en az 1-2 yıl emmekle teşekkül ettiği anlaşılmıştır.

Anne sütü bebeği beslerken, bir yandan ona biyolojik hayat sunmakta, bir yandan da insanın hayatta en muhtaç olduğu duyguyu, güven duygusunu vermektedir. Güçlü bir maddesel yapı yeterince güven duygusu kazanmazsa neye yarar ki?

Kaynaklar şimdi anne sütüne dönmenin mutluluğuna kavuştular. Gelecek kuşaklar daha sağlıklı olacak.

SORULAR

1. Çağımızın bilim adamlarının konuları inceleme yöntemleri nasıldır?
2. Anne sütündeki demir eksikliği nasıl açıklayabiliriz?
3. Anne sütünün ne tür özellikleri vardır? Bunlar bebeği nasıl etkiler?
4. Anne sütünün çocuğun ruhsal hayatında ne gibi etkileri vardır?
5. "Cennet anaların ayağı altındadır" sözünü bir kompozisyon yazarak açıklayınız.

GÜLMEK VE AĞLAMAK ÜZERİNE
FIRSAT BULUNCA GÜLÜN

Santa Barbara'daki Kaliforniya Üniversitesi'nden sağlık eğitimi yöneticisi Sabina White gülmeyle ilgili ilginç bir sav öne sürmektedir. White'a göre insan bedeninde solunum, kas ve kalp-damar sistemlerini etkilediği için gülme eylemi günümüzün güçlüklerle dolu dünyasında gerginliği azaltıcı bir rol oynamaktadır.

White savını 1982'de başlatılan bir dizi çalışmadan elde edilen sonuçlara dayandırıyor. White şöyle diyor: Gülüş bedene bir tür antrenman yaptırıyor ve tıpkı egzersiz gibi, bedenin bütün sistemlerini etkiliyor. Gülme de, üzüntü ya da öfkeye benzer şekilde bir boşalma yoludur. Bunun niye böyle olduğu-

10

nu tam olarak bilmiyoruz, ancak belki beyinde endorfinlerin salınımı ile ilgili olabilir. Yine de hepimiz güldükten sonra kendimizi daha iyi hissediyoruz.

White "Yeni doğan bebekler günde ortalama olarak 180 kez gülerler. Ama daha sonra kültürümüzün etkisiyle boşalım sağlayan davranışlarımızı engelleriz. Böylece yetişkin ortalama olarak günde 15 kez güler." demektedir. Santa Barbara Gülme Araştırmasına katılan kişiler - çoğu üniversite öğrencileriydi - gülmeyi tartıştılar, çözümlemeye çalıştılar ve gülmenin uygun ve sağlıklı bir tepki olduğu durumlarda gülme konusunda kendi içlerindeki engellemeyi kırmayı çoğu kez başardılar.

Araştırmada hemen her gün sınavlar, tezler ve akademik yarışmalar gibi çoğu gerginlik yaratan durumlar ve parasal veya toplumsal ilişkilerdeki olağan sorunlarla karşılaşan öğrencilere yaşamı daha az ciddiye alarak gerginliği yenmeye çalışmaları ve kendilerine daha çok gülmeleri öğretilmeye çalışıldı. Araştırma sınıflarında bir eğlence ve rahatlık havası yaratmak için son olarak gülünç gösteriler düzenlendi ve bu ortam kişilerdeki engellemelerin kırılmasına yardımcı oldu.

White, "Gülmenin gerek ruhsal, gerekse bedensel yararları olduğuna kuşku yoktur. Egzersizde olduğu gibi, gülme sırasında da bedendeki gerginlik kaslardaki denetimin yitirildiği noktaya kadar azalmaktadır. Bu yüzden 'gülerken sandalyeden düştüm.' diyoruz. Bizi engelleyen sadece toplumsal kurallardır. Toplum bize 'yüzünüzdeki gülümsemeyi silin' demektedir. Oysa niye daha çok gülüp daha iyi olmayalım?

İYİLEŞTİREN GÖZYAŞLARI

Birkaç yıl önce Minnesota Üniversitesinden Wiliam Frey insan gözyaşlarının gerginliğe yol açan bazı kimyasal maddeleri uzaklaştırarak sıkıntı duygusunun hafiflemesini sağladığını gösterdi. Şimdi de Sovyetler Birliği'ndeki Sağlık Bilimleri Akadamesi'nden bir araştırma grubu ağlamanın bedensel hastalıkları da iyileştirebildiğini göstermiş bulunuyor.

Deneysel Kardiyoloji Araştırma Enstitüsü'ne bağlı Sovyet araştırma grubu, laboratuvardaki farelerin derilerinde bazı hafif yaralar oluşturmakla işe başladı. Daha sonra farelerin gözlerine ağlamalarını sağlamak için tahriş edici bir madde damlattılar. Fareleri gözlediklerinde hayret verici bir şekilde, sadece ağlama eyleminin bile yaraların iyileşmesini büyük oranda hızlandırdığını gördüler. Bazı durumlarda yaraların iyileşip nebde dokusunun oluşması için gerekli süre 12 günden daha az olabiliyordu. Daha da şaşırtıcı olan, farelerin gözyaşı bezleri çıkartıldığında yaraların ayrılmaya başlamasıydı; bu ise iyileşme işleminin tersine döndüğünü gösteriyordu.

Bilim adamları bu gözlemlere dayanarak, gözyaşı bezlerinin kana bazı kimyasal maddeler salgıladığı, bu maddelerin de bedenin başka bir yerinde iyileştirici etkileri olduğu sonucuna vardılar. Bu konudaki raporda "sonuçtan emin olmak için bu maddelerin kesin bir şekilde ayırdedilip belirlenmesi gerekmektedir, ancak şimdiden bedende, en azından deri üzerinde iyileştirici bir etkileri olduğu açıktır." denmektedir.

OMNI'den çeviren: Z. Toros SELÇUK

SORULAR

1. Gülmenin faydaları nelerdir? Vücudun hangi bölümleri üzerinde daha çok etkilidir?
2. Gülmenin ileri yaşlarda insanlarda azalma göstermesinin nedenleri nelerdir?
3. Gülme hareketi ve gülen insanlar hakkında ne düşünüyorsunuz?
4. "Bir kahkaha bir kilo pirzolaya bedeldir" sözünden ne anlıyorsunuz?

PAMUKKALE

Muammer ATİKER

Pamukkale traverten oluşumları, dünyada bilinen örnekleri içerisinde en güzeli olarak nitelendirilmektedir. Ülkemize, dünyanın hemen her yerinde gelen turistin öncelikle görmek istediği Pamukkale, bu eşsiz doğal güzelliği yanında, bir bölümü ayakta olan antik Hierapolis'in Roma ve Bizans dönemi kalıntılarıyla da tanınmaktadır.

Yurdumuzun en görkemli doğal anıtlarından biri olan ve adeta turizm simgemiz haline gelen Pamukkale, doğal güzelliğinin ve arkeolojik değerle-

13

rinin gelecek kuşaklara bozulmadan aktarılması amacıyla 1990 yılında UNESCO tarafından "Dünya Miras Listesi"ne alınmış, son yıllarda Pamukkale'de hızla artan çevre sorunlarına karşı alınacak önlemler konusunda çalışmalar başlatılmıştır.

Pamukkale - Karahayıt Arasındaki Termal Kaynaklar

Termal sular, yer kabuğunun kırık (fay) ve çatlaklı zonlarını izleyerek derinlere inen yüzey sularının, derindeki kızgın magma yuvaları yakınlarındaki uygun rezervuarlarda ısınmasıyla oluşur. Geçirgen kayalardan oluşan bu rezervuarlarda, doğal sirkülasyona bağlı olarak sürekli ısınan ve basınç kazanan bu sular, yine kırıklı-çatlaklı zayıf zonları izleyerek yer yüzüne çıkarlar.

Tektonik yönden genellikle hareketli olan bu zayıf zonlarda yükselerek ilerleyen sıcak sular, öncelikle depolandıkları rezervuar kayacı ya da çıkış yolu boyunca katettiği çeşitli kayaçlar ve maden yatakları içerisinden geçerken, çok sayıda elementi de içerisine alarak yer yüzüne taşırlar.

Batı Anadolu'daki tektonik çöküntü çukurları (graben sistemleri) termal kaynaklar yönünden en elverişli koşullara sahiptir. Pamukkale (Ecirli köyü) ile 6 km kuzeyindeki Karahayık köyü arasında, yaklaşık 2-3 km genişlikteki bir düzlüğü kaplayan traverten örtüsü, Büyük Menderes Graben Sistemi'nin doğu bölümündeki diri faylar üzerindedir. Ovadan 100 metre yüksekte yer alan bu düzlükteki yaklaşık 13 km²'lik bir alana yayılmış olan travertenler, Menderes Masifi'ne ait başkalaşım kayaçları (gnays, şist, kuvarsit, mermer) ve onun üzerindeki Neojen yaşlı karasal tortul kayaçların (konglomera, kil taşı, marn, kireç taşı ve killi kireç taşı) üzerini kaplamıştır.

Pamukkale ve Karahayıt çevresinde yoğunlaşan termal kaynaklar, travertenlerin kapladığı düzlüğü doğudan sınırlayan ve yer yer fay dikliği gözlenebilen, kuzeybatı-güneydoğu uzanımlı, eğim atımlı ana fay üzerindedir. Travertenlerin yerleştiği bloğu, Kuvaterner'deki (Dördüncü çağ) tektoniğe bağlı olarak yaklaşık 400 metre düşürmüş olan bu fay ile Büyük Menderes ovası arasında, ana faya koşut uzanımlı daha düşük atımlı bir dizi fay gözlenir. Ova yönünde merdiven basamakları şeklinde alçalan fay basamakları, ova alüvyonları altında da devam eder. Termal kaynakların bir bölümü de ovayı sınırlayan fayın üzerindedir.

Bu basamaklı fay sisteminde tarihi devirlerde de hareketler sürekli tekrarlanmış, oluşumu süren traverten katmanları kilometrelerce uzunluktaki diri kırıklarla parçalanarak basamaklandırılmıştır.

Pamukkale termal kaynakları, sıcaklıkları 36-37 °C dolayında olan ve genellikle kalsiyum, magnezyum, sülfat ve bikarbonat içeren sulardır. Buradaki dört sıcak su kaynağının toplam verimi 52 lt/sn'dir. Karahayıt köyündeki termal kaynakların sıcaklıkları 44-56 °C arasında değişir. Karahayıt'taki on beş sıcak su kaynağının toplam verimi, 31 lt/sn'dir. Bu köyde kaynaklar dışında ana fay zonu üzerinde, son yıllarda kurulmuş olan otellerin gereksinimi için açılan sığ sondaj kuyularından da bol sıcak su üretimi yapılmaktadır.

Pamukkale kaynaklarının, Karahayıt kaynaklarına göre daha düşük sıcaklıkta oluşu, kırıklar boyunca yükselen sıcak suların, olasılıkla, yüzeye yakın derinliklerde, aynı kırık ve çatlaklara sızan soğuk yüzey sularıyla karışmasının bir sonucudur. Yöredeki termal suların yüksek oranda kalsiyum bikarbonat içermesi, sıcak suların sirkülasyon yaptığı derindeki rezervuarların genellikle suda iyi çözünebilen kristalize kireç taşları içerisinde geliştiğini ortaya koymaktadır.

Travertenler Nasıl Oluştu?

Travertenler, kireçtaşı ve mermer gibi, suda kolay çözünebilen karbonatlı kayaçların kırıklı çatlaklı zayıf zonlarında çözme-aşındırma (korozyon) yapan yer altı sularının, yer yüzüne çıktığı kaynak ağızları ve çevresinde çökelttiği tortul kayaçlardır. Genellikle Kuvaterner yaşlı olan bu genç çökellerin oluşumu günümüzde de sürmektedir.

CO_2 gazının çözünmüş halde bulunduğu karbonik asiti (H_2CO_3) yer altı suları, karsiyum karbonatın ($CaCo_3$) kalsiyum bikarbonata ($Ca(HCO_3)_2$) dönüşmesini, dolayısıyla suda çözünmüş duruma gelmesini sağlar.

Kalsiyum bikarbonatla yüklü kaynak sularının basıncını yitirerek buharlaşması ve karbondioksidin gaz haline dönüşerek uçması sonucu, kaynak çevresinde traverten formunda kalsiyum karbonat çökelimi gerçekleşir.

Travertenler, genellikle bir örtü şeklinde kapladıkları alanın jeomorfolojisi, çevre sıcaklığı, basınç koşulları, yer altı suyunun bileşimi, doygunluk oranı, akma-yayılma hızı, buharlaşma-tortulanma hızı gibi faktörlere bağlı olarak şekillenir. Bu özellik, farklı ortam koşullarında traverten formlarının değişebildiğini ortaya koyar. Örneğin, Pamukkale travertenlerinin yurdumuzda bulunan çok sayıdaki diğer traverten alanlarındaki örneklerine hiç benzemeyişi ve onlarla kıyaslanamayacak güzellikte oluşu da, suyun bileşimi ve traverten çökeliminde etkili olan diğer ortam koşullarının farklı oluşu ile açıklanabilir.

Pamukkale'de, Hierapolis kalıntılarının bulunduğu alandaki termal kaynaklar çevresinde, traverten çökelimi gözlenmez. Traverten çökelimi, kaynak sularının dağıtım kanalları aracılığıyla sıcaklığını kaybederek (yaklaşık $30\,^\circ$C'a) ulaştığı dik yamacın gerisinde başlar. Burada sular, yamaç yüzeyinde akışın sürekliliğine bağlı olarak güncel traverten çökelimini sağlarlar. Pamukkale'de travertenin, birbiri üstüne gelen çok ince kabuklar şeklinde çökelmesi oldukça hızlı gelişmektedir. Öyle ki, yamaçta su akışının sürekli olduğu kesimlerde bırakılan biblo türü toprak eşyaların birkaç günlük sürede pamuk beyazı traverten kabuğuyla kaplandığı görülmektedir.

Pamukkale travertenleri, yurdumuzda bilinen diğer traverten alanlarından farklı olarak, yarım daire şeklinde su dolu balkonları andıran traverten havuzlarıyla dikkati çeker. Dik yamaç üzerindeki su dağıtım kanalları çevresinde, değişik boyutlarda, yan yana ve alt alta basamaklı bir dizilim gösteren bu ilginç traverten havuzlarında suyun tabanı çamur kıvamında beyaz kireç çökeltisiyle kaplıdır. Üstü saydam su ile kaplı olan havuzlardan dışa taşan su, havuzun dış duvarında gözle görülemeyecek incelikte kristalli kabuklar şeklindeki traverten katmanlarını sürekli olarak çökeltmektedir. Traverten çökeliminin en fazla olduğu bölüm, havuz dış duvarının üst kesimidir. Bu nedenle havuz dış duvarı, sürekli üst kesimde genişlemeye uğradığından, duvarın alt kesimi zamanla ters yönle eğim kazanır. Traverten havuzundan dışa taşan sular zamanla gelişen bu ters eğimin arttığı kesimde duvar yüzeyinden ayrılıp saçaklanarak alttaki havuza düşer. Bu akış biçimine bağlı olarak, balkon şekili havuzların dış duvarı üzerinde sarkıt-dikit ve çubuk sütun şekilli duvar süsü travertenleri oluşur.

Pamukkale'de yamacın genç kırıklara bağlı olarak, dik duvar şeklinde gelişmiş olan ilksel morfolojisi, en güzel örnekleri yalnızca burada görülen bu ilginç traverten havuzlarının başlıca oluşum nedenidir. Aşağılara doğru, yamacın dikliğini kaybettiği etek kesimlerinde, traverten havuzlarının yukarıdaki büyük havuzlarla kıyaslanmayacak ölçüde küçüldüğü, havuzlar arasındaki basamak yüksekliğinin azaldığı ve giderek aynı şekillerin minyatürleştiği gözlenir.

Pamukkale travertenlerinin sürekli su akışından yoksun olan (turizm ve tarımsal amaçlı kullanımlar nedeniyle) bölümleri, atmosfer etkilerine bağlı olarak zaman içinde matlaşmakta ve giderek pamuk beyazı rengini yitirmektedir. Bu nedenle dengeli bir su dağıtımı uygulanarak yamaçların uzun süre kuru bırakılmaması gerekmektedir.

Karahayıt'taki termal kaynaklar çevresinde çökelen travertenlerin Pamukkale traverteni ile hiçbir benzerliği yoktur. Burada yüksek sıcaklıkta ve hemen kaynak çevresinde çökelen travertenler, kahve turuncu-sarı renklerdedir. Bu nedenle buradaki büyük kaynak, *kırmızı su* olarak adlandırılır. Travertenlerin kızıl görünümü buradaki termal suların, kalsiyum bikarbonatla birlikte suda çözünmüş halde bolca taşıdığı demir iyonlarıyla ilgilidir.

Travertenleri Etkileyen Çevre Sorunları ve Koruma Çalışmaları

Pamukkale'de, turizm amaçlı otel, motel, yüzme havuzu gibi tesislerin kurulmasıyla başlayan (yaklaşık 30 yıl önce) yapılaşma, önce arkeolojik sit alanları ve travertenlerin çevresinde kaplamış, daha sonra Karahayıt Köyü yönünde ve ova kenarında Pamukkale (Ecirli köyü) çevresinde sürdürülmüştür. Yörede plansız, altyapısız ve kontrolsüz olarak sürdürülen bu hızlı yapılaşma, kısa sürede aşırı nüfus yoğunlaşmasını getirmiştir.

Önceleri termal kaynaklardan çıkarak dağıtım kanallarıyla doğrudan Pamukkale travertenleri üzerine temiz olarak ulaşan termal suların, daha sonra yüzme havuzları ve motel havuzlarından geçirilip kirletilerek travertenler üzerine verilmeye başlanması, traverten oluşumunu olumsuz bir şekilde etkilemiştir. Nüfus yoğunluğuna ve turistik tesislerin çoğalmasına bağlı olarak hızla artan termal su kullanımı, travertenlerin ağartılması için gerekli olan temiz suyun gün geçtikçe azalmasına neden olmaktadır. Turizm mevsimi dışında ise termal suların çoğu tarımda kullanılmaktadır. Bu olumsuz gelişme

17

sonucu, her yıl artan bir şekilde traverten yüzeyleri kararmaya terkedilmektedir.

Bugün, büyük bölümü kararmakta olan Pamukkale'de, yanlış su kullanımı nedeniyle çok dar bir alanda sürdürülebilen güncel traverten oluşumu, Pamukkale'nin eski görkemli görünümünü ancak bir ölçüde yansıtabilmektedir.

Travertenler, yeterli ve temiz termal su sağlanamayışın dışında çok sayıda kirletici faktörlerinin etkisindedir. Bunların en önemlisi, travertenleri keserek Hierapolis'e ulaşan karayolundaki yoğun trafiğin verdiği zararlardır. Travertenlerin üzerine yapılmış olan moteller ve yüzme havuzlarından suya karışan kozmetik türü (güneş yağı, krem vs.) kimyasal atıklar, kararmanın önemli bir nedenidir.

Pamukkale'nin giderek hızlanan bir şekilde eski doğal güzelliğini yitirmesine karşı ilk tepkiler, yöredeki olumsuz gelişmeyi yakından izleyen Denizli halkından gelmiş, koruma amaçlı planlamaların yapılması yönünde kamuoyu oluşturulmuştur.

Son yıllarda çevre kuruluşları ve bakanlıklar düzeyinde yapılan çalışmalar giderek hız kazanmış; elde edilen bilimsel verilen ışığında Pamukkale'yi kurtaracak yeni bir plan hazırlanmıştır. Bu plan, Pamukkale için zararlı olduğu saptanan tüm kirletici faktörleri yok etmeyi amaçlamakta, travertenler üzerinde yer alan karayolu, otel, motel gibi sonradan yapılmış yapıların kaldırılması, sit alanlarının yaya bölgesine dönüştürülerek trafik yükünün giderilmesi gibi yenilikler içermektedir. Plan uygulandığında, yurdumuzun gözbebeği sayılacak nitelikte bu eşsiz turizm beldesinin geleceği güvence altına alınmış olacaktır.

SORULAR

1. Pamukkale kaynakları Karahayıt kaynaklarına göre niçin daha düşük sıcaklıktadır?
2. Travertenler neye göre şekillenir?
3. Travertenler nasıl oluşmuştur?
4. Traverten yüzeylerinin kararmasının nedenleri nelerdir?
5. Pamukkale'nin kurtarılması için neler yapılmalıdır?

Araştırmacılar Esnemenin Sırlarını Çözmeye Çalışıyorlar

NEDEN ESNERİZ?

Patrick HUYGHE

Her insan esneme ihtiyacı duyar. Doğumla birlikte başlayan bu davranışı günde birçok defa tekrarlarız ve bu alışkanlığımız ölümümüze kadar devam eder. Esneme alışkanlığı o kadar yaygın ki, bilim adamları yıllarca, bunun bir araştırma konusu olabileceğini düşünmemişler bile. Çünkü, o zamanlarda, hiçbir bilim adamı esneme gibi basit(?) bir konuyu araştırıp, meslektaşlarının alay konusu olmayı göze alamıyordu.

Maryland Üniversitesinden Robert Provine ve Temple Üniversitesinden (Philadelphia) Ronald Baenninger, birbirinden bağımsız olarak, esnemenin sırlarını çözme konusunda ilk adımı atan bilim adamları olmuşlardır. Robert Provine, esneme konusunda bilinegelen fikirleri aydınlatmayı amaçlayarak işe başladı. Örneğin, "esneme vücudun oksijen ihtiyacını karşılamak için çıkardığı sessiz bir çığlıktır ve insanın canı sıkıldığı, yorgun olduğu zamanlarda yaptığı bir davranıştır" savı ileri sürülmekteydi. Bunlardan, esnemenin kandaki oksijen oranını artırıp, CO_2 oranını düşürmek için solunum sisteminin bir manevrası olduğu varsayımı Provine'in de mantığına uyuyordu. Fakat, bu daha önce hiç araştırılmamıştı. Provine, psikoloji öğrencileri ile bir deney yaparak her birine değişik oranlarda CO_2 ve oksijen kapsayan hava teneffüs ettirdi. Doğal olarak, CO_2 oranı fazla olan havayı soluyan grubun solunum hızının artığını, fakat, esneme sıklıklarının değişmediğini gözledi. Aynı şekilde diğer grubun da esnemesinde, öncesine kıyasla, bir fark gözlemedi. Provine'in bu deneyden çıkardığı sonuç: Esneme solunum olayına kısa bir destek veriyorsa da, onun en önemli fonksiyonu değildir.

GÜNDÜZLERİ DAHA SIK ESNERİZ

Nefes alıp vermeyi burnumuz veya ağzımızla gerçekleştirebildiğimiz halde, kapalı ağızla esnemenin olanaksız olması, olaya değişik bir boyut kazandırıyor. Bu gerçeğin ışığında, esnemeyi engellemek isteyen birisi ağzını sıkıca kapar. Bunu dikkate alan Provine, esneme olayında solunum ihtiyacından çok ağzın genişçe açılması ve vücudun gerinmesinin rol oynadığı fikri üzerinde çalışmaya başladı. İncelemeleri sırasında en sık esneme zamanımızın sabah kalkma vaktine rastladığını da ortaya çıkardı.

Farmakolojik araştırmalarda, esneme ile gerinme hareketleri arasında bir bağlantının olduğunu göstermiştir. Örneğin, oksitosin hormonunu uyaran birtakım ilaçların denek hayvanların esneyip gerinmelerine sebep olduğu gözlenmiştir.

Vücudunun bir kısmı felç olan birtakım hasta üzerinde yapılan gözlemlerde, normalde felç olan organ bölümlerinin bazılarının esneme esnasında hareket ettiği gibi ilginç bir olay tesbit etmiştir. Sinir sisteminin bu iki olayın gerçekleşmesinden sorumlu iki ayrı bölümü arasında bağlantı bulunduğu sonucuna varılmıştır.

Esnemenin nabız, kan basıncı (tansiyon) yükseltici ve de kan dolaşımını etkileyici tesirlere sahip olduğu Provine'in inceleme sonuçları arasında yer almaktadır. Bu olayların açıklaması olarak da, organizmanın yapacağı bir faaliyete hazırlandığı görüşü getiriliyor.

Sadece insanların esnemediği, kedilerin, kuşların, farelerin de esnediğini biliyoruz. Ronald Baenninger'in gözlemine göre, etçil hayvanlar otçullara göre daha sık esniyorlar, tabii birkaç istisna hariç. Örneğin, su aygırları çok sık esnerler. Tropik balıklar da esner, yavaş yavaş ağzını açar ve birkaç saniye sonra kapar. Fakat, farklı hayvan türlerindeki bu benzer davranışların aynı fonksiyona yönelik olduğunu kesin olarak söylemeyiz. Neden mi? Dudakların geri çekilip dişlerin açılması, insanlar için gülme anlamına geldiği halde, başka canlılar için korkunun bir ifadesi olabildiği için.

ESNEMENİN DİĞER BOYUTLARI

Bilim adamları, insanlarla hayvanların esneme nedenleri arasında az da olsa ortak noktaların bulunduğunu tespit ettiler. Fakat siyam balıklarının, insanlardan farklı olarak, yalnızken az esnediğini gördüler. Dahası, bu balıkların hemcinslerini görmeleri halinde yaklaşık 300 defa daha fazla, bir dövüş anında daha da sık esnedikleri gözlendi. Buna bağlı olarak, siyam balıklarındaki esneme, dövüşme isteğinin ifadesi olarak yorumlandı. Ayrıca, Philadelphia hayvanat bahçesindeki aslanların yemek vakitleri yaklaştığında esnedikleri görüldü. Balıklarda görülen davranışlar ile bu olay birleştirildiğinde, hayvanlarda görülen esneme davranışı, kendilerince dikkat ve girişimcilik gerektiren önemli bir olayı karşılama olduğu sonucuna varıldı. Bunun tersine insanlarda, esneme dış uyaranlarda azalma olduğunda görülür.

Baenninger ve arkadaşları, bir matematik dersi sırasında yaptıkları araştırmada, her öğrencinin saatte ortalama 25 kez esnediğini kaydettiler. Bundan da, canı sıkılan öğrencilerin esnediği sonucundan çok, canı sıkıldığı halde uyumamaya çalışan öğrencilerin esnediği sonucuna vardılar.

Değişik bir görüşe göre de, ağır iş gören, stres altında olan, sınava girecek bir öğrencinin veya yarıştan önce bir atletin esnemesinin nedeni olarak organizmanın kendini sakinleştirmesi gösteriliyor. Öyleyse, esneme uyarıcı mı yoksa sakinleştirici bir etkiye mi sahip? Provine ve Baenninger'e göre, durum icabı her ikisi de olabilir.

ESNEME BULAŞICI MI?

Esnemenin bulaşıcı olduğu yaygın olarak bilinen bir gerçektir. Genellikle, esneyen birini gördüğümüzde, bizde meydana gelen esneme dürtüsünü bastıramayız. Esnemenin bulaşıcılığı, sadece insanlar için geçerli olduğu bilinenler arasındadır.

Bazen, esneme düşüncesi bile esnememize yeterli olur. Bu konuda Provine'in yaptığı deney şöyle: Bir grup öğrenciyi ayrı ayrı kabinlere yerleştirip esneme olayını düşünmelerini ve her esneyişlerinde önlerindeki düğmeye basmalarını istedi. Deney sonucunda öğrenciler yarım saat içerisinde ortalama 28 kez esnediler.

Esneme konusunda bir yazı okumak da insanda esneme dürtüsü oluşturmaya yetiyor (Siz yine de okumaya devam edin). Bu konuda yapılan araştırmada ise, esneme konulu makale okuyan okuyucuların % 75'inde esneme görüldü.

Hepimizin bildiği gibi gülme olayı da bulaşıcıdır. Fakat yapılan araştırmada, gülme olayının bulaşıcılığının esnemeninkine kıyasla çok hafif olduğu sonucu ortaya çıkmıştır.

ESNEME NEDEN BULAŞICIDIR?

Provine'e göre, esneyen kişinin yüz hatlarında meydana gelen şekillenmeler, diğer insanlar üzerinde esnemeyi teşvik edici etki uyandırıyor. Fakat, bu uyarıcı merkez yüzün tam olarak neresidir? Ağzın genişçe açılmış şekli mi? Gözlerin açılıp kapanma bölgeleri mi? Yoksa, bunların ortak bir fonksiyonu mu söz konusudur? Provine bu gerçeği aydınlatmak üzere, kendisinin üst üste 30 kez esnediği bir video bandı hazırlar. Deney grubundaki öğrencilere bu görüntüyü izletirken sırasıyla gözleri, ağız kısmı ve ağzın üst kısmını kapatır. Kontrol grubu ise beş dakika boyunca onun gülümsemesini izler. Deney sonucu, yüzün tüm görünüşünün, ayrı ayrı kısımlarına göre, daha fazla etkiye sahip olduğunu anlar. Ayrıca, ağız kısmı olmadan esneme sinyalleri verildiği halde, tek başına ağız kısmının etkisiz olduğunu farkeder.

Daha sonraları çalışmalarını bilgisayar yardımıyla da sürdürmüş olan Provine'in şu sıralarda yaptığı çalışmalar, esnemeyi başlatan temel merkezi bulup belki oradan da esnemenin ana fonksiyonlarının neler olduğunu ortaya koymak amacını taşımaktadır.

Provine ve Baenninger tarafından yaklaşık 10 yıldır sürdürülen araştırmalar, esnemenin fizyolojisi ve biyolojik kökenleri hususunda bize fazla bilgi vermemiştir diyebiliriz. Beyin rahatsızlıkları, tümörler ve epilepsi gibi birtakım hastalıklarda esneme görüldüğü halde şizofrenli kimseler pek sık esnemez. Esneme konusunda buna benzer birtakım sorular aklımıza takılmaya devam edecektir. Kim bilir belki de esnemenin de gerçek nedenleri bir sır olarak kalacaktır.

KOSMOS'tan çev: Abdullah YILMAZ

SORULAR

1. Esneme ile solunum olayı arasındaki ilişkiyi açıklayınız?
2. Provine'e göre esnemenin organizmaya etkileri nelerdir?
3. Hayvanlar ve insanlar hangi durumlar karşısında esneme gereksinimi duyarlar?
4. Esneme bulaşıcı mıdır? Neden?
5. En çok hangi tür hastalıklarda esneme görülür?

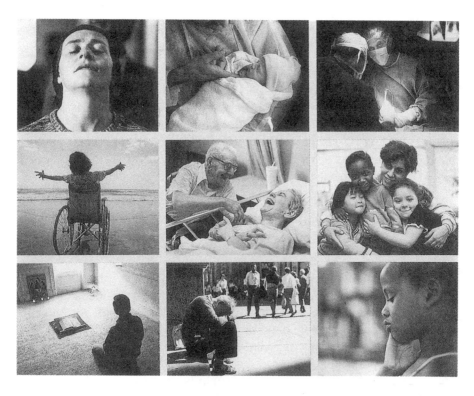

HİÇBİR İNSAN DİĞERİ GİBİ DÜŞÜNMEZ

"Uzay Yolu" dizisindeki Mr. Spock hepimizin hatırındadır. Sivri kulaklı dizi kahramanı, en zor sorunları dahi soğukkanlılıkla çözebiliyordu. Spock insan gibi konuşuyor ve insan gibi hareket ediyor; fakat bir bilgisayar gibi düşünüyordu. Beynimiz de bir bilgisayara benzemiyor mu? Beyin de bilgisayar gibi verileri sinir uzantıları yolayla alır; bu girdileri (inputlar) başka bir kavrama, çıktılara (outputlar) dönüştürür.

Bunlar bilinen olaylardır. Oysa günümüz nörobiyolojisi, düşüncenin gücüne yeni ufuklar açıyor. Yeni bilgilerin temeli şu soruya dayanıyor: "Bütün insanlardan daha değişik düşünmeyi nasıl başarıyoruz?" Cevabı Amerikalı araştırmacı Richard Thomson veriyor: Düşünce kutumuz sadece hayat boyunca değil, hergün, hatta embriyoda dakikadan dakikaya değişiyor. Burada her 60 saniyede 250.000 sinir hücresi oluşuyor. Bu hücrelerin bileşimi insanın tecrübelerine göre, bireysel değişiklikler gösteriyor. Beynimizin son durumunu, beslenmemiz, hatta soluduğumuz hava dahi etkiliyor. Havadaki iyon konsantrasyonu, yani sinir taşıyıcılarının kimyasal bileşimi beynin haber merkezlerini etkiliyor.

Fakat bireysel özellikler daha dölyatağında başlıyor. Sağ ve sol yarımküreler ve kadın-erkek beyinleri farklılıklar gösteriyor. Beynin nasırsı cismi (Corpus Callosum) kadınlarda erkeklere oranla daha büyüktür (kadınlar bu yüzden mi değişik düşünür acaba?). Hayvan deneylerinde nöropsikologlar, bir kedi beyninin genel yapısını rahatça tespit edebiliyorlar; çünkü kedi beyinleri bu denli benzerdir. Oysa insanlarda böyle bir yapı planı imkansızdır.

Günümüz insanının kafasındaki birikim milyonlarca yıllık bir gelişmenin ürünüdür. Dış dünyayı algılama, milyonlarca yıl boyunca değişik canlılarda çeşitlilikler göstermiştir. Neyi algıladığımızı anlamak için hayvanlar alemine bir göz atalım.

Özellikle renk tonlarını ayırt eden hayvanların yanında, yalnızca hareketleri seçebilen hayvanlar da vardır. Canlının dış dünyası hakkında algıladığı her şey doğrudur; fakat tam değildir. Doğu araştırmacısı Jakob von Vexküll, kenenin algılaması olayı ile buna bir örnek veriyor. Kenenin gelişmek için memeli hayvan kanına ihtiyacı vardır. Bir çalının en uç noktasına tırmanır ve tesadüfen sıcakkanlı bir hayvanın geçmesini bekler; sonra, kendini hayvanın postuna bırakır. Bilim adamları kenenin bu pozisyonda yıllarca kandan başka besin almadan ve hareketsiz kalabileceğini tespit etmişlerdir. Bu sürede kenenin algılaması, yağ asitlerinin ve ter bezlerinin yaydığı koku ile sınırlıdır. Kene 37 derece vücut sıcaklığında bir canlıya rastlarsa, kanını emmeye başlar. Amacına erişmesi için yağ asitleri ve vücut sıcaklığı fazlasıyla yeterlidir.

Hayvanlar aleminin bu paraziti bize bir gerçeği gösteriyor. Algılamamız gerçi bir keneden üstündür; fakat yine de insan, dünyanın pek çok özelliğini kavrayamamakta veya hayal edememektedir. Radyo dalgalarını hissetmiyoruz; röntgen ışınlarını göremiyoruz. Bunları ölçebilen gelişmiş teknik cihazlar yine de beynimizin sınırları içinde kalıyor. Dünyayı tüm çıplaklığıyla görmemiz imkânsız; fakat temelde dünya yine de algıladığımızdan farklı değildir. Bu kesin bilgiyi nereden çıkarıyoruz? Biyolog ve davranış bilimci Konrad Lorenz, beynimizi, gerçeğin milyonlarca yıllık tartışmasının bir ürünü olarak tanımlıyor. Bunun anlamı, beynimizin biz daha doğmadan dünyamız hakkında oldukça çok şey bildiğidir. Renkleri, cisimleri, uzayı kavrayacağımızı biliyor; zaman kavramını ve neden-sonuç bağıntısını biliyor. Bu ön bilgiler insan beyninin yapısında oluşmuş durumdadır. Beynimiz dünyaya "programlanmıştır". Fakat gerçeğin küçük bir bölümü, beynimizce gerçeğe uygun olarak algılanmaz. Her algı, bireyin kişisel deneyim, beklenti ve amaçları tarafından etkilenir. Herkes kendi görüntüsünü belirler. Beynimiz sadece bu alanda benzersiz çalışmaz; dış dünyadan beyne gelen her şey hazır bulunan birikimi etkiler ve değiştirir. Şunu da önemle belirtmeliyiz ki, dış bilgiler, ön bilgiyi, dış uyarı ve kavrama arasında doğrudan bir ilişki oluşturacak kadar değiştiremezler. Örneğin domatesi yapay ışıkta da incelesek, gü-

neş ışığında da incelesek aynı kırmızılıkta görürüz. Şilili nörobiyolog Humberto R. Moturana'ya göre, renkleri ölçüldükleri dalga boylarında değil, beynimizin onları işleyiş biçimine bağlı olarak algılarız. Bu işleyiş biçimi de kişinin bireysel beyin yapısıyla belirlenir. Düşünme işlevimize ilişkin bu basit bilgi, günümüz beyin araştırmacılarında şok etkisi yaratıyor. Görmek ve algılamak, sadece dış dünya ile belirlenmeyen iki benzer aktivitedir. Beyin merkezleri arasında sürekli bir veri değişimi vardır ve beyinde sadece dış dünya ile belirlenmeyen bir monolog süregelmektedir. Dışarıda gelen veriler hemen işlenmezler. Bunu kanıtlamak için iki ışık kaynağı arasına bir cisim koyalım. Cisim gölge oluştursun. Bu durumda gölge renginin, gölgeyi oluşturan ışığın rengine uymasını bekleyebiliriz. Örneğin bir beyaz ve bir kırmızı ışık kaynağı ele alalım. Kırmızı ışık tarafından oluşturulan gölgenin kırmızı, beyaz ışığınkinin ise beyaz olması gerekir. Fakat sonuçta bir kırmızı ve bir de yeşil ışık görürüz. Bundan, domates deneyindeki gibi, gördüğümüz renklerin ölçüldükleri dalga boylarında olmadıkları, beynimizin onları işleyişine bağlı olarak algılandıkları sonucunu çıkarabiliriz.

Beynimizin bu yönünü araştırmacı Humberto R. Maturana ve Fransisco J. Vorela "Baum Der Erkenntnis" (Algı Ağacı) adlı kitaplarında ortaya atmışlardır. Dayandıkları temel nokta, bizden bağımsız bir gerçeğin, yani objektif bir gerçeğin olmamasıdır. "Beynin sürekli monoloğu" olarak da ifade edilebilen bu yeni bilgi, normal düşünen bir insanla, Albert Einstein'in beynini gerçekte neyin ayırt ettiğini daha iyi açıklamaktadır. Einstein'in beyni defalarca incelenmiştir. Bir doktor Amerika'da eyaletlerin birinde, yıllar önce esrarengiz bir biçimde elde ettiği bu beyni parçalanmış olarak üç kavanozdaki sıvılarda saklamaktadır. İki yıl önce Kaliforniyalı bayan anotomi profesörü Marian Diamond, Einstein'in kesmeşeker büyüklüğündeki beyin parçasında, normalden % 70 oranında fazla gila hücresi bulduğunda, Einstein'in neden dahi olduğu bilmecesinin çözüldüğü düşünülmüştü. Çünkü gila hücrelerinin madde değişimini koruduğu ve sinir hücrelerinin kan ihtiyacını kontrol ettiği varsayılıyordu. Einstein'in beyni özellikle çok iyi beslenmişti. Fakat yine çok sayıda gila hücresi bir ölçü değildi; çünkü beyinlerde bu hücrelerin çok bol bulunduğu geri zekalılara da rastlanıyordu.

Araştırma iki önemli sonuca varmıştır. Birincisi, beyin araştırmacılarının "her anıya bir molekül, her düşünceye bir hücre" modelinin yanlış oluşudur. Binlerce fare, sıçan ve balık bu teorinin sağlamlığı için beynini kurban etmiştir (hatta ölümünden sonra Einstein bile...) İkinci sonuç, anatomi açısından bakıldığında insan beyninin milyonlarca yıldır aynı kalmış olmasıdır. Einstein'in beyin hücreleri Florida'da bir tapınakta bulunan 8.000 yıllık bir kafatasının içinde yaşamış beyinden değildir. Fakat çok değişen daha önemli bir şey, beynin çalışma biçimidir.

Amerika'lı psikolog Julian Jaynes'in teorisine göre, insan, İlliada ve Odissea'nın oluşmasına kadar farklı bir beyin fonksiyonu göstermiştir. Jaynes, Homeros zamanı insanın, halüsinasyonları (hayal görmek, boşluktan ses duymak vb.), tanrıların sesine benzeterek bunların etkisinde kaldığı görüşündedir. İnsan ancak daha sonra asıl akıl ve bilince ulaşmıştır.

Beynimiz tüm bağışıklık sistemimizi de etkiler ve sağlığımızda belirgin bir rol oynar. Düşüncelerimizin geliştirdiği bu şaşırtıcı gücü, ABD Pensil-

26

vanya Üniversitesi psikoloğu Howard Hall bir deneyi ile bize gösteriyor. Deney yapılan kişiye hipnoz yoluyla beyaz kan hücrelerini, kan akışında şaşkınca oraya buraya koşan hastalık mikroplarını yiyen güçlü birer köpekbalığı olarak düşünmesi emrediliyor ve bu hayali uygulaması empoze ediliyor. Sonuçta denek minimum streste yüksek sayıda beyaz kan hücresi üretiyor.

Beynin gücü hakkında daha şaşırtıcı bir deneyi psikolog David Mc Cleland yapıyor. Bu bilim adamı, öğrencilere Kalküta'da hasta ve ölüleri koruyan rahibe Teresa ile ilgili bir film gösteriyor. İzleyicilerde aniden, immunoglobulin-A değerindeki artışa uygun olarak, bağışıklık fonksiyonlarıda bir artış gözleniyor. Açıkça gözlenebilen bu olay, ruhun beden sağlığı üzerindeki etkisini gösteriyor. İlginç olan, bağışıklık faktörünün rahibe Teresa'nın yaptıklarına karşı olanlarda da yükselmesidir.

Herbirimizde insanlığın kültürel mirası biyolojik birikim ile birleşiyor. En başta doğa ve kültür arasındaki bu ikili oyun, düşünce gibi bir mükemmelliği üretmek için bir sürü sinir hücresi gerektiriyor. Bununla beraber bir çelişkiyi yaşıyoruz. Düşünce beyindeki bağlantılar ve hislerdeki bireyselliğimiz konusunda en iyi delilleri nörobiyoloji sunuyor. Çünkü 100 milyar sinir hücresinden oluşan bağlantılar, beyindeki tü atomların sayısından fazladır. Beyin, parçaları toplamından daha fazla bir şeydir. İnsan beyni her zaman bilgisayardan üstün olacaktır.

P.M.'den çev.: Ş. Şadi KARAMANOĞLU

SORULAR

1. Thomson'a göre bütün insanlardan daha değişik düşünmeyi nasıl başarıyoruz?

2. Kene, algılama konusunda hangi gerçeği bize göstermektedir?

3. Görmek ve algılamak arasındaki ilişkiyi açıklayınız?

4. Marian Diamond'un araştırmasının sonuçları nelerdir?

5. Howard Hall'in deneyini açıklayınız? Bu deney bize ne göstermektedir?

ISAAC NEWTON (1642-1727)

Cemal YILDIRIM

Bilimin öncülerini tarih sürecinde bir dizi yıldız olarak düşünürsek, dizide konum ve parlaklığıyla hepsini bastıran iki yıldız vardır: Newton ve Einstein. Yaklaşık iki yüz yıl arayla, ikisi de, fiziğin en temel sorunlarını ele aldılar; ikisinin de getirdiği çözümlerin madde ve enerji dünyasına bakışımızı kökten değiştirdiği söylenebilir. Newton, Galileo ile Kepler'in, Einstein, Newton ile Maxwell'in omuzlarında yükselmiştir. Newton çok yönlü bir araştırmacıydı; matematik, mekanik, gravitasyon ve optik alanlarının her birindeki başarısı tek başına bir bilim adamını ölümsüz yapmaya yeterdi. Yüzyılımıza gelinceye dek her alanda bilime model oluşturan fiziksel dünyanın mekanik açıklamasını büyük ölçüde ona borçluyuz.

Isaac Newton, İngiltere'de sıradan bir çitfçi ailesinin çocuğu olarak dünyaya geldi. Babası doğumundan önce ölmüştü. Prematür doğan, cılız ve sağlıksız bebek, yaşama umudu vermiyordu; ama tüm olumsuzluklara karşın büyümekten geri kalmadı. Çocuk daha küçük yaşlarında ağaçtan mekanik modeller yapmaya koyulmuştu. Eline geçirdiği testere, çekiç ve benzer araçlarla ağaçtan yel değirmeni, su saati, güneş saati gibi oyuncaklar yapıyordu. El becerisi, dikkat çeken bir incelik sergiliyordu.

Newton'un üstün öğrenme yeteneği amcasının gözünden kaçmaz. Bir din adamı olan amca aydın bir kişiydi; çocuğun çiftçiliğe değil, okumaya yatkın olduğunu fark etmişti. Amcasının sağladığı destekle Newton, yörenin seçkin okulu Grantham'a verilir. Ne var ki, çocuğun bu okulda göz alıcı bir başarı ortaya koyduğu söylenemez. Bedensel olarak zayıf ve çelimsiz olan Newton, her fırsatta, zorbalık heveslisi kimi okul arkadaşlarınca hırpalanarak horlanır. Newton'un ileride belirginlik kazanan çekingen, geçimsiz ve kuşkulu kişiliğinin, geçirdiği bu acı deneyimin izlerini yansıttığı söylenebilir. Belki de bu yüzden Newton, bilimsel ilişkilerinde bile yaşam boyu kimi tatsız sürtüşmelere düşmekten kurtulamaz.

Okulu bitirdiğinde, ülkenin en seçkin üniversitesine gitmeye hazırdır. Amcasının yardımıyla 1661'de Cambridge Üniversitesinde öğrenime başlar. Matematik ve optik ilgilendiği başlıca iki konudur. Üniversiteyi bitirdiği yıl (1665), ülkeyi silip süpüren bir salgın hastalık nedeniyle bütün okullar kapanır. Newton baba çiftliğine döner. Doğanın dinlendirici kucağında geçen iki yıl, yaşamının en verimli iki yılı olur: Gravitasyon (yer çekimi) kuramı, kalkülüs ve ışığın bireşimine ilişkin temel buluşlarına burada ulaşır. Einstein, "Bilim adamı umduğu başarıya otuz yaşından önce ulaşamamışsa, daha sonra bir şey beklemesin!" demişti. Newton yirmi beş yaşına geldiğinde en büyük kuramlarını oluşturmuştu bile.

Newton, Cambridge Üniversitesine döndüğünde okutman olarak görevlendirilir; ama çok geçmeden üniversitenin en saygın matematik kürsüsüne, hocası İsaac Barrow'un tavsiyesiyle, profesör olarak atanır. Matematik çalışmalarının yanı sıra optik üzerindeki denemelerini de sürdüren Newton'un kısa sürede bilimsel prestiji yükselir. 1672'de Kraliyet Bilim Akademisine üye seçilir. Kendisine sorulduğunda başarısını iki nedene bağlıyordu: 1) devlerin omuzlarından daha uzaklara bakabilmesi, 2) çözüm arayışında yoğun ve sürekli düşünebilme gücü. Gerçekten, işe koyulduğunda, çoğu kez günlerce ne yemek ne uyku aklına gelir, kendisini çalışmasında unuturdu.

Biraz önce belirttiğimiz gibi Newton, başlıca kuramlarının ana çizgilerini genç yaşında oluşturmuştu. Ne var ki, ulaştığı sonuçları açıklamada acele etmek şöyle dursun, onu bu yolda yirmi yıl geciktiren bir çekingenlik içindeydi. Dostu Edmund Halley'in (Halley kuyruklu yıldızını bulan astronom) teşvik ve ısrarı olmasaydı, bilim dünyasının en büyük yapıtı sayılan **Doğa**

Felsefesinin Matematiksel İlkeleri (1687'de yayımlanan kitap genellikle "Newton'un **Principia**'sı diye bilinir) belki de hiçbir zaman yazılmayacaktı. Bu gecikmede bir neden de, Robert Hooke adında dönemin tanınmış bilim adamlarından biriyle, aralarında süren kavgaydı. Hooke, evrensel çekim yasasında kendisinin de öncelik payı olduğu savındaydı. (Newton'un bir başka kavgası Alman filozofu Leibniz'leydi. Matematiğin çok önemli bir dalı olan kalkülüs'ü ilk bulan kimdi? Leibniz'i fikir hırsızlığıyla suçlayan Newton, filozofun resmen kınanmasını istiyordu).

Üç ana bölümden oluşan **Principia**'nın ilk bölümü, nesnelerin devinimine ayrılmıştı. Eylemsizlik ilkesi ve serbest düşme yasasıyla temelini Galileo'nun attığı bu konuyu Newton, kapsamlı bir kuram çerçevesinde işlemekteydi. Öyle ki, kökü Aristoteles'e ulaşan iki bin yıllık geleneksel düşünce yerini salt mekanik dünya görüşüne, belli sınırlar içinde geçerliğini bugün de koruyan bir paradigmaya bırakmıştır artık.

Galileo'nun deneysel olarak kanıtladığı eylemsizlik ilkesi, nitel bir kavramdı. Newton, bu kavramı "kütle" dediğimiz nicel bir kavrama dönüştürür ve örneğin, şekilde görüldüğü gibi, pürüzsüz bir düzlemde A ve B gibi kütleleri değişik iki nesne, sıkışık bir yayın karşıt uçlarına bastırılıp bırakılsın, Yayın ters yönlerde eşit itme gücüne uğrayan nesnelerden kütlesi daha büyük olan A'nın kayma ivmesi, kütlesi daha küçük olan B'nin kayma ivmesinden daha azdır. Buna göre, m_1 ve m_2 diye belirlenen kütleler, $m_1/m_2 = a_2/a_1$ denkleminde gösterildiği üzere a_1 ve a_2 ivmeleriyle tanımlanabilir.

Mekanik kuramın bir başka temel kavramı kuvvettir. Yukardaki deneyde, sıkışık yayın iki nesne üzerindeki itme kuvvetinin eşitliğinden söz ettik. $m_1 a_1 = m_2 a_2$ ve m_2 olduğundan kuvvetler de $m_1 a_1$ ve $m_2 a_2$ ile ölçülebilir. Buna göre m kütlesi üzerinde F gibi bir kuvvet a ivmesine yol açıyorsa, ivmeyle kuvvet arasındaki ilişki şöyle belirlenebilir: F= ma (kuvvet = kütle x ivme). Bu denklem Newton mekaniğinin ikinci devinim yasasını dile getirmektedir.

Mekaniğin üçüncü yasası, çoğumuzun günlük deneyimlerinden bildiği bir ilişkiyi içermektedir: Her etkiye karşı eşit güçte bir tepki vardır. Örneğin parmağımızı masaya bastırdığımızda, masanın da parmağımız üzerinde eşit baskısı olur.

Kütle, kuvvet gibi önemli kavramların nicel olarak oluşturulması, fiziğin birtakım geleneksel saplantılardan arınmasını sağlayan büyük bir ilerleme olmuştur.

Principia'nın yazılması yaklaşık iki yıl alır. Polemikten kaçınan Newton, düzeysiz tartışmaları önlemek için Latince kaleme aldığı kitabına yetkin örneğini geometride bulduğumuz aksiyomatik bir biçim verir. Şöyle ki, Newton "öncül" diye aldığı birkaç temel ilkeden (devinim yasalarıyla yer çekiminin kuramından), fizik ve astronominin gözlemsel veya deneysel olarak kanıtlanmış önermelerini (örneğin, Kepler'in üç yasası ile Galileo'nun sarkaç, serbest düşme vb. yasalarını) bir tür teorem" olarak ispatlama yoluna gider. Newton, eşsiz yapıtıyla bilim dünyasını adeta büyüler; deyim yerindeyse ona yarı-ilah gözüyle bakılmaya başlanır. Öyle ki, dönemin tanınmış bir matematikçisi, "Acaba onun da bizler gibi yeme, içme ve uyuma türünden günlük gereksinmeleri var mıdır?" diye sormaktan kendini alamaz.

Newton, kuşkusuz ne bir ilah, ne de günlük gereksinimleri yönünden diğer insanlardan farklıydı. Onu bilim tarihinde yücelten üç özelliği vardı: 1) Üstün zeka ve imge gücü, 2) yoğun çalışma istenci, 3) evreni anlama ve açıklama merakı. Az ya da çok, tüm insanların paylaştığı bu özellikler, Newton'da, kendine özgü yaratıcı bir sentez oluşturmuştu.

SORULAR

1. Newton ve Einstein'ı birleştiren özellikler nelerdir?

2. Newton'nun en büyük kuramı nedir? Ne zaman ve nerede bu kuramlarına ulaşmıştır?

3. Newton, bu üstün başarısının nedenleri olarak hangi özelliklerini göstermiştir?

4. Mekanik kuramının yasaları nelerdir?

5. Bilim tarihinde Newton'u yücelten özellikleri nelerdir?

Güneş Işığı Kirli Suların Arıtılmasında
Çok Etkili Oluyor

İsrail'deki Weizman Enstitüsünden Profesör Mordehai Halmann herbisitlerin, pestisitlerin ve öteki zehirli maddelerin bulunduğu kirli suya titandioksid katadioksid katalizatörü katarak güneş ışığı altında tutuğunda, iki hafta içinde 14 değişik zararlı maddeden 12 sini önemli oranda azaldığını saptamış bulunuyor. Kirli suların klorla arındırılmasından daha etkili bir yöntem olan güneş ışığıyla arındırma için katalizatörün büyük çaptaki suların temizliği için etkili olup olmayacağı araştırılıyor.

Bild Der Wissenchaft Aralık 1992'den Çev.: Dr. Tamer ÜRÜM

DOLUNAY KORKUSU

New York'da "Sam'ın Oğlu" adı verilen katil tarafından işlenen 8 çirkin cinayetten 5'i dolunayda meydana gelmiştir. Yeni ay som balıklarını etkileyerek göç etmelerini sağlar. Ayın çeşitli devreleri canlıların kafa ve vücutlarını etkileyebilir mi?

İnsanlık uzun zamandan beri dolunayda garip şeylerin olduğuna inanmaktadır. Kurt insanlar ayın bu zamanında ortaya çıkardı. Aşıklar gene bu zamanlarda daha neşeli, canlı olurlardı. Fakat yalnızca bilgisayar çağında insan davranışı ile ilgili gerçek istatistikleri toplamak ve bunları takvim ile karşılaştırmak şansını elde edebilirdik. DIALOG bilgisayarından son çalışmalar ile ilgili kayıtları vermesini istediğimiz zaman iki metre uzunluğunda bir kağıtla karşılaştık.

Vücutlarımızda bulunan biyolojik saatlerin dönen Dünya ve Ay ile uyum içide olduğu kanıtlanmıştır. Kalp atış hızı, kan basıncı, ve vücut ısısı 24 saat içinde en yüksek ve düşük noktalara çıkar, iner. Gene aybaşı periyodları Ay'ın 29,53 gün süren dönüşüne bağlıdır. Ve eğer Ay okyanuslarda gelgiti meydana getirebiliyorsa neden moralimizi de yükseltip alçaltması mümkün olmasın?

Konu üzerinde üstünlüğü tartışılmaz olan bir otorite olan farmakoloji profesörü Ralph Morris, "Ay çılgınlığı"nın birçok kişi tarafından gözlendiğini belirtmiştir. Bunlar arasında polisler, itfaiyeciler, hemşireler, doktorlar, psikiyatrlar, ambulans sürücüleri, taksi sürücüleri, kamyon sürücüleri, hapishane görevlileri, gazeteciler, demiryolu kondüktörleri, ve artistler sayılabilir. Morris, bazı dolunay zamanlarında kundakçılık vakalarının % 100 arttığına ilişkin kanıtların bulunduğunu belirtmektedir. Tecavüz olaylarından, cinayete kadar çeşitli şiddet hareketleri artış göstermiştir. Araba ve uçak kazaları daha sık olmuştur ve daha çok insan intihar girişiminde bulunmuştur. Eğer bütün bunlar doğru ise, bu durumun ciddiye alınma zamanı gelmiştir.

Olayların gerçek analizi teorinin yanlış olduğunu da gösterebilir.

Dünya çapında araştırmacılardan gelen haberler teorinin pek de doğru olmadığını göstermektedir. Indiana'da, 50 kronik hastada, hastalık nöbetleri Ay'ın dört değişik devresinde 5 yıl süreyle kaydedilmiş ve bunların nöbetlerinin belirli bir düzen izlemediği görülmüştür. Arizona'da 5 hastane yüksek dozda ilaç alma vakasını 15 ay süreyle takip etmiş ve intihar girişimleriyle dolunay arasında bir ilişki saptanamamıştır. Florida'da Bunalım Mücadele Merkezine 8 yıl içinde yardım istemek üzere 36 268 kez telefon edilmiştir. Fakat bu telefonların günlük ortalamasında belirli değişme olmamıştır.

Ay'ın en parlak olduğu zamanlarda daha çok suç işlendiğine ilişkin bir kanıt yoktur. Birleşik Amerika'da 2 yıl süre ile polis ve itfaiye istasyonlarına gelen 14 değişik tip telefon incelenmiş fakat bunların da dolunay ile ilişkileri saptanamamıştır.

Bu arada Johannesburg'da araştırmacılar konuya çok yönlü bir yaklaşımla eğilmişlerdir. Bu araştırmacılar, bunalımlara çeşitli etkenlerin etki edebileceğini belirterek, Ay'ın devrelerinin de etkenler arasında olabileceğini söylemektedirler. Bunlar, Johannesburg'da bunalım geçirenlere yardım etmek için kurulan kliniklere başvuran 2344 kişiyi yakından incelemişlerdir.

Sonbahar Zirveleri

Bulgulara göre erkeklerde bunalımlar daha çok sonbaharda, kadınlarda ise ilkbaharda görülmektedir. Artan güneş faaliyeti bunalımlara neden olmaktadır. Fazla ilaç alımı, tecavüz ve saldırı vakaları güneş lekeleri süresinde artış göstermektedir. Zekâca geri olanlar, havadaki nem oranı arttığı zaman daha çok rahatsız olmaktadırlar. Sıcak hava ve bulutlu günlerde kliniklere başvuranların sayısında artış görülmektedir. Yalnız Ay ile ilgili istatistikler de dolunay zamanlarında krizlerde az bir artış olduğunu göstermektedir. Fakat Ay'ın istatistiklerde önemli bir belirti göstermeyişi teorinin sonunun geldiği anlamına gelmez. Suçlar ve bunalımlar Johannesburg'daki çalışmaların gösterdiği gibi bir çok etkene bağlı olarak ortaya çıkmaktadır. Ancak birçok insanın Ay'ın etkili olduğu yönündeki inançları göz önüne alınırsa, bu diğer etkenlerin yarattığı sisin teoriyi örtemeyeceği ileri sürülebilir.

Belki de bu nedenle, bilgisayar Florida'da Ay'ın devreleri ve garip davranışlar arasında bir ilişki bulmuştur. Miami Tıp Okulu 13 yıllık yakın bir çalışmayla adam öldürme, intihar, trafik kazaları, saldırı ve psikiyatrik vakaları dikkatle incelemiştir.

Bunalımlı kişiler Ay'ın ilk devresinde daha çok rahatsız olmakta, fakat yeni ay ve dolunay zamanında vaka sayısı azalmaktadır. Fakat diğer aşırı davranışlar dolunay devresinde artmaktadır. Miami'li bilim adamları, insanlardaki saldırganlığın biyolojik ritminin Ay'ın devreleriyle ilişkili olduğunu düşünmektedir.

Ay'ın devreleri ile kendilerinin ya da yakınlarının ruhsal durumları arasındaki bağlantıyı, deneyimleri sonucu bilen kişilerin, bunu kuvvetlendirmek için hiçbir istatistiğe ihtiyacı yoktur. New York'da 21 sene manik-depresif bir ruh hastası ile uğraşan doktorlar, hastanın moralinin şaşmaz bir biçimde dolunayın 24 saatinde yükseldiğini saptamışlardır.

SORULAR

1. Dolunay zamanı tespit edilen olaylar nelerdir? Daha çok ne tür yerlerde ve durumlarda ortaya çıkmaktadır?

2. Dolunay'ın insanlar üzerindeki etkisiyle ilgili teorinin doğru olmadığını gösteren örnekler var mıdır? Açıklayınız.

3. Hangi nedenlerle bilgisayar Ay'ın devreleri ve garip davranışlar arasında ilişki bulmuştur?

4. İnsanlarda bunalımlara sebep olan etkenler nelerdir?

5. Dolunay'ın insan davranışları üzerindeki etkisine inanıyor musunuz? Niçin?

DAHA ÖNCE BURADA BULUNDUK MU?

Lübnan'da beş yaşındaki bir Dürzi çocuk, ailesinin yoksulluğundan şikayet ederek, kendisinin eskiden Şam'da zengin birisi olduğunu öne sürer. Oraya götürüldüğünde, eski evini, çocuklarını, karısını ve diğer akrabalarını tanır ve arkadaşları, malı mülkü ve aile yaşamı hakkında çok ayrıntılı bilgiler verir. Çevresindekilere, mahzende oldukça büyük bir miktar paranın gizlenmiş olduğunu söyler. Aşağı inilip, gösterilen yerde para bulunur ve sayılır. Bulunan miktar çocuğun verdiği rakamın aynısıdır.

Burma'da hamile bir kadın düşünde, onların yanında kalmak istediğini söyleyen bir Japon askerinin kendisini izlediğini görür. Aynı düş üç akşam üst üste yinelenir. Bu olaydan sonra doğan kızı üç yaşına geldiğinde, uçaklara karşı anlaşılmaz bir korku duymaya başlar, Japonya'ya, "eve" gitmek istediğini söyler ve önceki yaşamında bir Japon askeri olduğunu anlatır. Çocuklarını özlediğini, Japonya'nın iklimini ve yiyeceklerini unutamadığını sık sık dile getirir ve çok küçük yaştan itibaren kız giysileri giymeye şiddetle itiraz ederek erkek gibi giyinir ve saçlarını erkek gibi kestirir.

Dünyanın her yanında diriliş olayına inananlar, ölümün sadece fiziksel vücudu etkilediğini ve ruhun vücudu terk ederek başka bir vücuda geçtiğini kabul ederler. Bu kişiler, geçmişte birçok kez ölüp dirildiklerine, bundan sonra da ölüp dirilmeye devam edeceklerine inanırlar. Bunların büyük bir çoğunluğu için diriliş, dinsel inancın ön gereklerinden biridir. Bu inanç, bazı küçük çocukların ve yetişkinlerin önceki yaşamlarına ilişkin anılarıyla pekişmektedir.

Kanıtların İncelenmesi

Son yıllarda, Batı toplumlarından -dinsel inançları dirilişe yer vermeyen- bir grup bilim adamı ve araştırmacı, diriliş olayına kanıt oluşturabilecek bazı olguları değerlendirmeye başlamıştır. Bunlar, bilimsel yöntemler ve dikkatli kontrollerle, "diriliş deneyimi" adı verilen çeşitli olayları araştırmakta, bir araya getirmekte ve incelemektedir. Bu bilim adamlarından bir kısmı, dirilişle ilgili verilerin, hiç duraksamadan yaptığımız bazı varsayımlar kadar inandırıcı olduğunu söylemektedir. Eğer bu bilim adamları haklıysa, Batı toplumlarının yaşam kavramı tersine dönecek demektir.

ABD'de Virginia Üniversitesinden Psikiyatri Profesörü, Dr. Ian Stevenson, diriliş alanındaki araştırmaların modern *guru*sudur ve meslektaşlarıyla birlikte, 1960'ların başından itibaren "diriliş"le ilgili, 2000 kadar olayı incelemiştir.

Dr. Stevenson'la birlikte yoğunlaşan bilimsel araştırmalar çerçevesinde yapılan deneylerde, ölülerle iletişime bir açıklama olarak getirilen, ölmüş kişilerin yakınlarıyla "Duyu Dışı Algılama" (DDA) bağlantısının deneydışı tutulmasına çalışılmıştır. (Bu "açıklama" ölüm ötesi yaşam konusundaki araştırmaları 1930'lardan sonra büyük ölçüde kesintiye uğratmıştı). Bu konuda atılan bir başka adım da DDA'nın bir ürünü olarak tanımlanabilecek "bilgi" ile, DDA ile pek yakın bir ilgisi olmayan "beceri" aktarımının birbirinden ayrılmasıdır. Eğer bir insan normal yollardan edinmediği bir beceriye sahipse, bu becerinin nasıl öğrenildiği konusunda diriliş bize bazı ip uçları verebilir. Bu bağlamda, "beceriler", yabancı bir dili anlayıp konuşmaktan, araba kullanmaya ve hatta mühendislik gibi daha özel becerilere kadar uzanan, çok çeşitli etkinlikleri içerir.

Diriliş olayıyla ilgili en geniş veri kaynağı, çocukların önceki yaşamlarına ilişkin kendiliğinden ortaya çıkan anılardır. Bu tür olayların sık sık ortaya çıktığı bölgeler, Kuzey Hindistan, Sri Lanka, Burma, Tayland, Vietnam, Batı Asya (özellikle Orta Anadolu'nun güneyi), Lübnan, Suriye ve Kuzey Amerika'nın kuzeybatısıdır. İngiltere ve ABD'de de bu tür olaylara rastlanmış olmakla birlikte, bunların sayısı yukarıda adı geçen ülkelere oranla çok daha azdır.

Dr. Stevenson, bu olayların binlercesini doğrudan kendisi incelemiştir. Dr. Stevenson'a göre, çocuk, genellikle, çok küçük bir yaşta, örneğin 2-4 yaşları arasında anılarını anlatmaya başlamaktadır. Bu çocuk aynı zamanda, "gerçek" ailesiyle bağdaşmayan ama sözünü ettiği yaşama uyan davranış biçimleri de göstermeye başlamaktadır. Örneğin, birçok olayda çocuk, gerçekte yoksulluk içinde yaşarken, çok zengin bir ailenin üyesi olduğu önceki yaşamından söz etmektedir. Böyle çocuklar, sahip olamadıkları rahat yaşam koşulları için üzüntü çekmekte ve günlük ev işlerine katılmayı reddetmektedir.

Genellikle bu çocuklar önceki yaşamlarının geçtiği yöreye götürülmek istemektedir. Çocuk buralara götürüldüğünde -ki bu yöre bazen aynı, bazen de yakındaki bir köy, ama çoğunlukla uzak bir yer olmaktadır- şimdi yaşamında normal olarak hiçbir şekilde bilemeyeceği bazı özellikleri kişileri ve olayları hatırlamaktadır. Bazen de, çocuk, önceki ailesinin üyeleri tarafından tanınmaktadır. Tamilce konuşan bir Sri Lankalı ailenin kız çocuğu, iki yaşındayken başka bir ana babaya sahip olduğunu iddia etmiştir. Dört yaşına geldiğinde, çocukta oyuncak filler dahil, fillere karşı büyük bir korku belirmeye başlamış, önceki yaşamında bir fil tarafından öldürüldüğünü belirtmiştir.

Ayrıntılı Anılar

Ziyaret ettiği bir tapınaktaki taştan fil oymalarına büyük tepki gösterip içeri girmek istemeyen çocuk, bu ziyaretten sonra Seylanca konuşarak, önceki yaşamında bir erkek çocuk olarak yaşadığını, birçok kız kardeşten sonra ailenin yedinci çocuğu olduğunu ve 16 mil kadar uzakta bir köyde doğup büyüdüğünü uzun uzun anlatmıştır. Başından geçen fil kazasının ayrıntılarını verip kaza sonucu iç kanamadan öldüğünü söylemiştir. Bütün bu anlattığı ayrıntılar, kızın doğumundan on beş ay önce betimlenen köyde ölen bir erkek çocuğun başından geçenlere tıpatıp uymaktadır. Kızın anne ve babası, onu bu köye götürdüklerinde, çocuk eski ailesini ve ailenin diğer üyelerini hatırlamış, hatta öğretmenini tanımıştır. Bir mücevher hırsızlığını da içeren çok sayıda ayrıntılı anı kızın anlattıklarının inandırıcılığını arttırmıştır; kendisiyle radyoda yapılan bir söyleşide hem Tamilce hem de Seylanca konuşmuştur.

Bu olayların tipik bir özelliği, çocukların anılarının beş yaşından sonra zayıflamaya başlamasıdır. Ama önceki yaşamdan kalma bazı davranış biçimleri zaman zaman ortaya çıkarak varlıklarını sürdürebilmektedir.

Dr. Stevehson da dahil birçok araştırmacı, diriliş olayının "kanıtlanma"sının aslında mümkün olmadığına inanarak, dikkatle kaydedilmiş olay tarihçelerini toplama konusunda yoğunlaşmıştır.

Diriliş olgusu, eğer doğruysa, insan davranışları ile ilgili düşüncelerimizi kökten bir değişime uğratacak niteliktedir. İncelenen birçok çocukta, önceki ölümlerinin biçimiyle ilgili çok şiddetli fobiler görülmüştür. Bunlar arasında su korkusu, motorlu taşıtlardan ve keskin bıçaklardan korkma, hatta bazı yiyecek türlerinden (örneğin kesilmiş sütten) korkma gibi fobiler bulunmaktadır. Bu çocukların önceki yaşamlarındaki ölüm nedenleri, boğulma, trafik kazası, bıçaklanma ve mikroplu sütün yol açtığı bağırsak enfeksiyonuydu.

Yeni Bir Psikoloji

Bazı "ikinci-yaşamcı"lar, öldükleri yerlere götürüldüklerinde çok şiddetli fobik tepkiler göstermiştir. Eğer diriliş gerçekse, fobi de dahil olmak üzere çoğu kişilik bozukluğunu çocukluk travmaları ile açıklayan psikoloji ve psikiyatri gibi bilim dallarının, önceki yaşamların şimdiki kişilikler üzerindeki etkilerini de hesaba katmaları gerekecektir. Aynı şey güçlü istekler ve saplantılar için geçerlidir. Bazı diriliş olaylarında, çocukların din, mühendislik, yılanlar, gibi çok çeşitli alanlara, hatta alkol ve tütün gibi yetişkin zevklerine beklenmeyen şiddetli bir ilgi gösterdikleri görülmüştür.

Bütün bunlara ek olarak yeteneklerin de önceki yaşamla bir bağlantısı olabilir. Bir çocukta, deniz motorlarına, bir diğerinde geleneksel şarkı ve danslara, başka birinde ise dikiş makinelerine karşı özel bir ilgi ve ustalık gözlenmiştir.Böylesine beklenmedik merak ve yeteneklerin önceki yaşamdaki meslekler ve beceriler açısından değerlendirilmesi mümkün olabilir. Dr. Stevenson'a göre, aile psikolojisinin de yeniden ele alınması gerekir. Geçmişte yaşamışlık iddiasında bulunan çocukların dışında, birçok başka çocuk da kendilerini ailelerinin "bir parçası" olarak hissetmemektedir.

Cinsel karışıklığın köklerini geçmiş ilişkilerde bulmak mümkündür. Bazı olaylarda çocuklar dirilişten önceki eşlerine cinsel eğilim duymuşlardır. Bu olaylarda, ilgili kişiler hep gençken, yani cinsel dürtülerinin en yoğun olduğu bir dönemde ölmüş olduklarından ikinci yaşamlarına özellikle bu cinsel davranışı taşımış olabilirler. Cinsel rollerdeki karışıklık, karşı cinsten biri olarak yaşanan önceki yaşamla açıklanabilir. Oysa modern psikiyatride, cinsel rollerdeki karışıklık ana babanın yanlış tavırlarıyla açıklanabilir.

Araştırma konusu yapılan bir başka alan da, önceki yaşamlara ait tıbbi kayıtlardır. Hastane kayıtlarında, otopsi raporlarında ve hekimlerin kayıtlarında bulunan bilgiler, az da olsa sağlam veriler sağlar. Diriliş iddiasında bulunanlar, vücutlarında bazı yara izlerini göstererek, bunlara ölümlerine neden olan kurşun, bıçak ve benzeri aletlerin yol açtığını söylemektedirler. Doğuştan yapısal bozuklukları, örneğin deforme kaslar, parmak, el eksiklikleri, çocuklar tarafından ölümlerine neden olan koşulların bir sonucu olarak açıklamaktadır. Eğer bu olayların yeterli bir miktarı, daha önceki tıbbi kayıtlarla da doğrulanırsa, olayın tıp ve biyolojiyle ilgisi önemli boyutlar kazanacaktır.

Diriliş deneyimleri çocukluk anılarında, medyum translarında, hipnozaltındaki geriye dönüşlerde, ölümün eşiğinden dönen kişilerin gördükleri hayallerde ve yine bu durumdakilerin ruhunun vücut dışına çıkıp dolaşması gibi deneyimlerde ortaya çıkmaktadır. Bunların hiçbirisi kanıtlanmış değildir ama yine de dirilişin mümkün olduğunu düşündüren büyük ve giderek büyüyen bir veri kaynağı oluşturmaktadır.

SORULAR

1. Diriliş olayına inanıyor musunuz? Bu konudaki düşüncelerinizi yansıtan kısa bir kompozisyon yazınız.
2. Yazıda "diriliş deneyimi" adı verilen örnek olaylar nelerdir?
3. Eğer bir insan normal yollardan edinmediği bir beceriye sahipse bu nasıl açıklanabilir?
4. Diriliş olayıyla ilgili en geniş veri kaynağını nerede bulabiliriz?
5. Diriliş olayıyla ilgili anıların tipik özellikleri nelerdir?
6. Diriliş deneyimleri nasıl ortaya çıkmaktadır?

KİMYASAL SİLAHLAR

Jacques BOUTIN

Batı ülkelerinin donanmaları Basra Körfezi'nde toplanırken, Irak da kimya savaşına başvuracağı tehdidinde bulunuyor. Arap Emirlikleri ve Suudi Arabistan'da herkes gaz tehlikesine karşı hazırlık yapmaya çalışıyor. Irak'ın Suudî Arabistan sınırına yığdığı kimyasal silahların ürkütücü boyutlara ulaştığını belirtmek zorundayız.

1980'e gelinceye kadar kimse kimya savaşından söz etmek istemiyordu. Ancak bu sessizlik perdesi, 16 Mart 1988'de Iraklıların Halepçe'de sinir gazı kullanmasıyla yırtılmıştır. Kameralar, gazlananların hastaneye yatırılışını ve Halepçe sokaklarında yatan 5000 kadar ölüyü gözlerinizin önüne sermiş bulunuyor. Bütün dünyadaki askerî uzmanlar, bu olaydan iki sonuç çıkarmışlardır: Birincisi, kimyasal silahların uluslararası bir yaptırımla karşılaşmadan kullanılabildiği; ikincisi de, bunların şaşılacak derecede etkili olduğudur.

Kimyasal silahlar insanlık dışı olmakla birlikte, nispeten ucuza ve kolayca üretilebildiklerini, hızlı kullanılabilecek duruma getirilebildiklerini, özellikle inanılmayacak ölçüde öldürücü etki yaptıklarını kabul etmemiz gerekiyor. Birinci Dünya Savaşı'ndan kalma bu silahlar, en çok üçüncü dünya ülkelerinin rağbetini çekmektedir. Ocak 1989'da toplanmış ve kimyasal silahların kınanması kararıyla sonuçlanmış bulunan Paris Konferansı da, Irak ve ondan yardım isteyen bazı ülkeler üzerinde etkili olamamıştır.

Bu silahların yayılmasını önlemek zordur. 1972'ye kadar 59 ülke tarafından onaylanmış bulunan 1925 Cenevre Sözleşmesi, bunların savaş sırasında kullanılmasını yasaklamışsa da, edinilmelerini ve üretimlerini yasaklayan bir kayıt koymamıştır. Üstelik, bir de savaş gazları imalinde kullanılabilen "kritik" malzeme sorunu vardır: Meselâ bir ülkenin kolayca sinir gazının dönüştürülebilecek haşarat ilaçlarını imal etmesini yasaklayabilir miyiz? Hardal gazının yapımında kullanılan tionil klorür gibi bazı maddeler, başka ürünlerin imali için de gereklidir. İki ülke arasındaki ticarete konu olan diğer kritik malzemenin dolaylı yollarla üçüncü dünya ülkelerinin eline geçtiği de görülmüştür. Libya'ya bir kimya fabrikasının yapımında bir Federal Alman firmasının ve Avusturyalı, İtalyan, Japon hatta Taylandlı sanayicilerin yardım ettiği ortaya çıkarılmıştır. Bu durumda, Amerika Birleşik Devletleri ile Sovyetler Birliği'nin ellerindeki muazzam zehirli gaz stokların azaltmak istemeleri, yetersiz kalacak gibi görünüyor. Daha şimdiden Libya'nın Hartum hükümetine hardal gazı sağladığı, bu hükümetin de gazı güneydeki isyancılara karşı kullandığı, Libya'nın ayrıca Somalililere sinir gazı verdiği söylentileri çıkmış bulunuyor.

1973'ten beri nükleer silahlara sahip olan İsrail, 1985'e gelinceye kadar bölgenin süper gücü sayılıyordu. İsrail, Irak'ın Osirak'taki atom reaktörünü bir hava akınıyla tahrip ettiği zaman, protestolardan başka bir tepkiyle karşılaşmamıştı. Şimdi ise, meselâ Bağdat'ın kuzeyindeki Samarra'da bulunan kimya fabrikasına benzer bir akın yapması söz konusu olamaz; çünkü Irak artık buna şiddetle karşılık verebilecek güçtedir. Kimya silahının el bombasından havana, toptan füzeye kadar, klasik ve nükleer patlayıcı taşıyabilen her çeşit savaş aracıyla kullanılabileceğini ve menzilinin 0 ilâ 15.000 kilometre arasında değişebileceğini unutmamalıyız. Bu çok uzun menzilli füzelere şimdilik sadece süper güçler sahiptir. Irak şimdi elinde bulunan 650 kilometre menzilli füzelerle Telaviv, Şam, Tahran ve Riyad'a erişebilir. İsrail ise 1500 kilometre menzili Jericho-2 füzelerinin yapımına geçmiştir. Önemli olan husus, klasik ya da nükleer başlık taşıyan bir füzenin, kimyasal başlık da taşıyabileceğidir.

Kimyasal silahların ilerideki bir harpte kullanılabileceği ihtimaline karşı hazırlıklı olmalıyız. Acaba kendimizi bu silahlara karşı nasıl koruyabiliriz? Zırhlı araçlar ve kariyerler, günümüzde tamamen ya da hemen hemen gaz

42

sızdırmaz biçimde kapalıdır. Ancak açık havada askerler tıpkı siviller gibi koruyucu önlemler almak ya da eğer varsa sığınaklara inmek zorundadırlar. Başka bir önlem, gaz atacak aracı yarı yolda tahrip etmektir. Meselâ gazlayıcı uçağı düşürmek, hiç de fena fikir değildir. Buna karşı, gaz, havan ve füzelerinin durdurulması, imkânsız gibi görünmektedir.

Tarafların geniş ölçüde kimya silahına başvurduğu son İran-Irak Savaşı, I. Dünya Savaşı'nda edinilen tecrübelerin bir kere daha gerçek savaş alanında gözden geçirilmesi imkânını sağlamıştır. Meselâ hardal gazı ile fosgen'in kötü korunmuş ve düzensiz İran piyadesi üzerindeki etkisi, yıkıcı olmuştur. Mecnun Adası'nın Iraklılar tarafından tekrar İranlıların elinden alınabilmesinin ardında, şüphesiz gaz silahı yatmaktadır. Iraklıların bu harpte sağladığı savaş deneyimi, ilerideki bir savaşta da onlara çok yararlı olacaktır.

Zehirli gaz hücumu, korkutucu bir psikolojik darbe etkisi yaratır. Hücumun her an geleceği korkusuna, yapılan bombardıman ya da verilen alarmın yarattığı panik ve etrafta gazdan etkilenerek yığılakalmış askerlerin üzücü görüntüsü eklenir. Düşmanın gaz atışı karşısında zamanında güvenli yerlere çekilmek, çok disiplinli bir eğitim gerektirir. Koruyucu elbise ve maskeler sıkıcıdır. Başkalarıyla konuşmak imkânsızlaşır; elle bir şeye dokunulamaz; maskenin camları buğulanır; nefes almak güçleşir. En ufak gayret insanı yorar, üstelik bir şeyler yemek mümkün değildir. Sızdırmaz elbise, zamanla fırına döner ve onu giyeni buram buram terletir. Gaz bombardımanı altında hareket eden bir birliğin Avrupa şartlarında hareket yeteneğini % 20 ilâ 40 ölçüsünde kaybedeceği hesaplanmıştır. Ortadoğu şartları altında bu oran çok yükseklere çıkacaktır. Üstelik, birliğin bazı gazların kalıcılığı yüzünden hücumdan günlerce sonra bile bu techizatı çıkarmaması gerekir. Cilde sızan miniminnacık bir sinir gazı dozu bile, asker için mutlak ölüm demektir.

Kimyasal silah, düşmanı durdurucu olarak da kullanılabilir. Duyarlı bölgelerin gazla zehirlenmesi, düşmanın hareketini ağırlaştırarak imkân ve kabiliyetlerini azaltır. Gazlar tesislere zarar vermediğinden, bir hücumdan sonra bunların gazdan arıtılmak şartıyla tekrar kullanılmasına imkân vardır. Bir başka ihtimal, kimya silahının sivil ahaliye karşı kullanılmasıdır. Buna karşı, İsviçre ve İsrail gibi ülkelerde halka gaz maskesi dağıtma yoluna gidilmiştir. İsrail'de halk bu konuda iyi eğitilmiş ve bol sayıda sığınak yapılmıştır. Ancak her yerde durum böyle değildir. Halepçe'de sinir gazından ölen 5000 kişi, korunmasız olarak kaderleriyle başbaşa kalmıştı.

Geleceğin kimya silahlarının daha güvenli ve etkili olması için planlar yapılmaktadır. Düşünülen bir usul, gazı harekat sırasında iki zehirsiz maddeyi birleştirerek oluşturmaktır. Meselâ Amerikalılar 155 milimetrelik XM 687 deney havan topu mermisinde birbirinden bir zarla ayrılmış iki bölme olduğu söyleniyor. Bölmelerin birinde izopropilamin ile alkol izopropilik, diğerinde ise, difluorometilfosfimat olması halinde, atış sırasında zar yırtılınca, sıvılar birbirine karışıp korkunç bir sinir zehiri olan sarin ortaya çıkacaktır. Amerikalıların geliştirmekte olduğu "Bigeye" uçak bombasında da buna benzer bir tertibat bulunduğu söylenmektedir. Elbette ki, böyle iki bölümlü silahlar, taşıma, yerleştirme ve stoklama sırasında çevredekiler için daha büyük bir güvenlik sağlayacaklardır. Ancak bu konuda ABD'de yirmi yıldır sürdürülen araştırmalar henüz sonuçlanmış değildir. Sovyetler Birliği'ndeki araştırmaların ne durumda olduğunu bilmiyoruz. Daha etkili gazların yapımında gelinceye, şimdi 1959'dan beri bilinen bir boğucu gaz olan perfluoroizobüten üzerinde durulmaktadır. Bu gaz, kokusuz ve renksiz olup, yüksek ölçüde zehirleyicidir ve şimdi kullanılmakta olan bütün doku ve süzgeçlerden geçmektedir. Üstelik, tavalarımızı kapladığımız politetrafluoroeten ya da teflon yapımında kullanılan maddelerden üretiliyor. Kimyasal silahlar koleksiyonuna giren son madde, bir Hawai mercanından elde edilen korkunç bir zehir olan palitoksin ($C_{129}H_{223}N_3O_{54}$)dir. Son zamanlarda bu çok karmaşık yapılı bileşiğin sentetik olarak üretimi, sağlanmıştır. Görülüyor ki, kimyasal silahlar konusundaki araştırma ve ilerlemeler durmaksızın devam etmektedir.

Sciences et Avenir'den kısaltarak çev.: Dr. Ergin KORUR

SORULAR

1. 1925 Cenevre sözleşmesinde niçin kimyasal silahların edinilmeleri ve üretilmeleriyle ilgili bir kural konmamıştır?

2. Kimyasal silahların özellikleri nelerdir? Niçin bazı fakir ülkelerce tercih edilmektedir?

3. Kimyasal silahlardan hangi yollarla korunabiliriz?

4. Zehirli gaz hücumunun insanlar üzerinde yapmış olduğu etkiler nelerdir?

5. Kimyasal silahlar üzerinde, halen, günümüzde çalışma yapan ülkeler hangileridir? Ne tür silahlar üretmektedirler?

6. Savaşlarda Kimyasal Silah kullanımı hakkında ne düşünüyorsunuz? Açıklayınız.

AIDS'LE İLGİLİ 16 GERÇEK

1.Okullarda cinsel eğitim dersleri konulmalı, gençlere hem eşcinsel, hem karşıt cinsle seks hakkında bilgiler verilmeli, mutlaka AIDS ve diğer cinsel yolla geçen hastalıklar anlatılmalıdır.

2. AIDS virüsü vücut sıvılarının çoğunda bulunmakla birlikte esas bulaşma, cinsel temas sırasında AIDS virüsü taşıyan eşin, kan, meni veya vagin salgılarına maruz kalmakla olur. Cinsel ilişki sırasında vagina veya rectumda (son bağırsak) küçük yırtıklar oluşabilir; böylece dokularda görünür bir yırtılma veya kanama olmadan AIDS virüsü penisten veya rectuma veya vagina ve rectumdan penise geçebilir.

3. AIDS başlangıçta eşcinsellerde bulunmuşsa da, sonradan karşıt cinsle cinsel ilişkiye girenlerde de görülmüştür. AIDS beyazlarda veya zencilerde, erkeklerde veya kadınlarda, büyüklerde veya çocuklarda görülebilir. Gelecekte AIDS giderek artacak ve eşcinselliğe ya da damardan narkotiklere bağlı olmadan da sık görülecektir.

4. Kendinizin ve eşinizin AIDS virüsü taşımadığına kesin emin olmadıkça, AIDS'den korunacak şekilde davranın. Kesin emin olma şu demektir: Sizin ve eşinizin en az 5 yıldır hiçbir yabancı kimseyle cinsel ilişkide bulunmamış ve damar içine uyuşturucu enjekte etme alışkanlığına tutulmamış olmanız gerekir.

5. Eşinizin daha önce eşcinsel olarak veya karşıt cinsle teması olmuşsa veya başkalarıyla ortak kullanılan iyi kaynatılmamış iğne ve enjektörler (damardan uyuşturucu alışkanlığı) yoluyla AIDS'e maruz kalmış olabileceğinden şüphe ediyorsanız, cinsel ilişkinin başından sonuna kadar prezervatif kullanınız veya kullandırınız.

6. Hayat kadınlarıyla veya erkekleriyle cinsel ilişkide bulunmayınız. Bunların birçoğunda aynı zamanda damardan uyuşturucu alışkanlığı vardır, cinsel temasla veya ortak enjektör kullanarak AIDS virüsü verebilirler. AIDS'li hayat kadınları doğmamış çocuklarına AIDS bulaştırabilirler.

7. Ne kadar çok sayıda erkek ve kadınla cinsel ilişkiye girerseniz, AIDS olma olasılığınız o kadar artar.

8. İyi kaynatılmamış bir iğneyi asla damarınıza sokmayın ve sokturmayın. Daha önce hiç kullanılmamış, kaynatılmış iğne ve enjektörler kullanın.

9. AIDS'li bir bebek daima AIDS'li bir anneden doğar. Bu annelerde veya bu annelerin cinsel işlerinde damardan uyuşturucu veya önüne gelenle seks yapma alışkanlığı vardır.

10. Kan bağışlama sırasında AIDS olma tehlikesi yoktur.

11. Bağışlanan her kanda AIDS virüsüne karşı antikor aranmalıdır. AIDS antikoru bulunan kanlar kullanılmamalıdır.

46

12. El sıkma, kucaklama, sosyal öpüşme, ağlama, öksürme veya aksırma yoluyla AIDS virüsü bulaşamaz. Yüzme havuzları, hamamlar ve lokantalar, burada çalışanlar AIDS'li olsalar bile, AIDS bulaştıramaz. AIDS çarşaf, havlu, bardak, fincan, çatal, kaşık, bıçak ve tabak yoluyla geçemez. Tuvaletler, kapı tokmakları, telefonlar, büro malzemesi ve ev eşyalarıyla AIDS bulaşmaz. Masajla, elle doyumla (mastürbasyon) veya cinsel olmayan vücut temaslarıyla AIDS geçmez.

13. Çocuktan çocuğa AIDS geçtiği görülmemiştir.

14. AIDS'de karantinanın yeri yoktur. Ancak AIDS'lilerin bilerek ve isteyerek cinsel temasa ve damardan uyuşturucu kullanmaya devamları halinde toplumu korumak için zorunlu karantina uygulanabilir.

15. Azidotimidine virüsteki reverse transcriptase enzimini bloke ederek AIDS virüsünün çoğalmasını yavaşlatmaktadır. Benzer iki ilaç dideoksisitidin ve İsveç ilacı Foscamet'dir.

16. Afrika'da AIDS virüsüne çok benzeyen, fakat AIDS yapmayan HTLV-4 virüsü AIDS aşısı olarak kullanılabilecektir. Bu zararsız virüsü alanlar AIDS'e tutulmamaktadır.

SORULAR

1. AIDS ne demektir? Ne zaman, nerede ortaya çıkmıştır?
2. AIDS'ten korunma yolları nelerdir? Bu yollar kişiye ne zaman öğretilmelidir?
3. AIDS belirtileri hakkında neler biliyorsunuz?
4. AIDS hangi yollarla bulaşır? Hangi yollarla bulaşmaz?
5. AIDS hastaları hakkında ne düşünüyorsunuz? Düşüncelerinizi belirten bir kompozisyon yazınız.

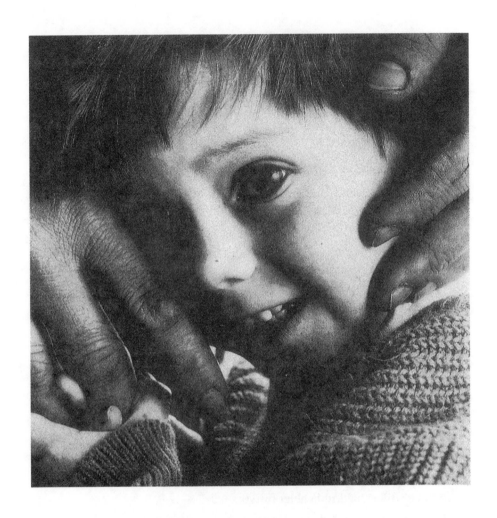

BABASININ OĞLU

Bir aile içinde benzerlikler olmasını bekleriz. Hatta öyle ki, Habsburg burnu, bu aristokrat ailenin kuşaktan kuşağa resmedilen potrelerinde günümüze kadar gelmiştir. Kafa biçimi, ten rengi, gözler ve saçlar, ses tonu ve niteliği boy ve kan grubu gibi özelliklerin tümü de güçlü kalıtsal etmenlerdir. O halde pek çok ülkede gerginlik nedeni olmuş sözde ırksal farklılıklar (burada farklı ırklardan ana babadan olan çocukların her iki yandan da ırk ayrımı ile karşılaştıkları göz önüne alınmalıdır) tümüyle genetiktir. Çiftçilerin

48

çiftlik hayvanlarının dikkatle çiftleştirilmesinde ya da ekinlerinin iyileştirilmesinde yararlandıkları etmenler de bu genetik etmenlerdir. Bu kalıtsal özellikler insanlarda ana babadan çocuğa nasıl geçirilmektedir?

Vücudun diğer hücrelerinde 46 kromozom bulunmasına karşın, cinsiyet hücreleri -sperm ve yumurta- yalnızca 23 kromozom içerir. Döllenmede iki hücre birleşerek, normal sayıda kromozomla tek bir hücre oluştururlar. Her kromozom 250 çift genden oluşan çift sarmal biçimli bir şerittir. Kalıtsal "bilgi"yi bireysel olarak ya da birleşik halde DNA biçiminde taşıyan da genlerdir. Sözgelemi, dört genden oluşan bir birleşimin göz renginden sorumlu olduğu sanılmaktadır. Yine aynı sayıda gen, ten renginden sorumlu görülmektedir.

Erkek ve Dişi

Erkek ile dişi arasında temel bir ayrım vardır: erkeklerde bir çift kromozom sarmalı üstünde diğerinden biraz daha kısa bir kromozom şeridi (XY) bulunması sonucu oluşan bir farklılıktır bu. Oysa, dişilerde tümü de aynı uzunlukta çift şeritler (XX) bulunmaktadır. Öte yandan, bu ayrım şaşırtıcı bir biçimde kuşlarda, kelebek ve güvelerde, bazı balıklarda, bazı iki yaşayışlılarda ve sürüngenlerde tersinedir. Bunlarda erkek XX, dişi XY'dir.

Aynı özelliği belirleyen iki çift gen bulunması durumunda bunlardan biri, daima başat, öteki çekiniktir. insanlar açısından yaygın olarak kullanılan örnek yine göz rengidir: kahverengi başat, mavi çekiniktir. Bunun sonucu, mavi gözlü ana baba asla kahverengi gözlü çocuk sahibi olamaz; oysa bunun tam tersi mümkündür. Kimse ailesinden açıklama istemeye başlamadan önce hemen belirtelim ki, kahverengi gözlü olan kimi insanlarda, gözlerini mavimsi yapan değişmiş bir iris renklenmesi olduğu bilinmektedir.

Çocuklarda beğendiğimiz şeylerin çoğundan genlerin sorunlu olmasına karşın, yine genetik olan bazı zayıflıklar, kusurlar ve bozukluklar da vardır. Renk körlüğü gibi daha az rastlanan bir dizi kusur, çekinik genlerin raslantısal birleşimi sonucu ortaya çıkmaktadır. Oysa tek bir başat gen, kusuru ortadan kaldırabilecektir. Bu renk körlüğü tipi çoğunlukla erkekleri etkilemektedir. Bunların anneleri taşıyıcıdır ve renk körlükleri yoktur.

Daha ciddi bir kalıtsal bozukluk hemofilidir. Bu, kadınların hiç yakalanmayacakları bir hastalıktır, çünkü bunun geçirilmesini denetleyen gen, kromozomun erkeklerde kadınlarda çiftlenen (XX) o özgül kısmındadır.

Huntington hastalığı gibi bazı kalıtsal bozukluklar yaşamın ileriki dönemlerinde ortaya çıkar. Genetik etmenler şizofreni ve sara nöbetlerinin görüldüğü bazı koşullarda da belirleyicidir. Sözgelimi verem gibi kimi hastalıklara eğilim kalıtsal olabilir. Oysa hastalığın kendisi kalıtsal değildir. Benzer biçimde, yüksek tansiyona ve koroner damar hastalığına duyarlılığın da kalıtsal olarak geçirebileceği yolunda bulgular vardır.

Bir gen, değişikliğe uğramış bir biçimde geçirildiğinde daha da korkutucu bir şey ortaya çıkar. Bu, döllenmiş cinsiyet genlerinden biri genetik olarak değişmiş bir gen içerdiğinde görülür. Sonuç, ana babanın özelliklerini taşımayan bir çocuk olabilir. 2000'den fazla olası genetik bozukluk bulunmakla birlikte, bunların tümü de enderdir; bunların büyük bir kısmı da çok seyrek olarak görülür. Cücelik, Down sendromu (Mongolizm yanlış sayıda kromozom sonucudur) ve albinizm gibi bazı genetik bozukluklar tıbbi ya da cerrahi olarak tedavi edilmemekle birlikte, orak hücre kansızlığı, omurilik yarığı ve yarık damak/tavşandudak gibi, diğerleri kesinlikle tedavi edilebilmektedir.

Genetik Danışma

Böyle bir genetik değişim (mutasyon) gerçekleştikten sonra, bunun geçirilme şansı her zaman vardır, ama genellikle pek görülmemektedir. Ancak, olasılıkların uygun biçimde değerlendirilebilmesi için hem anayla hem de babayla ilgili etmenler hesaba katılmalıdır. Kuzey Amerika'da genetik danışma, tıp biliminin artık yerleşmiş bir dalıdır. Bunun özgül işlevi genetik olasılıkları hesaplayıp, geleceğin ana babalarına bilgi vererek bunları uyarmak ya da güven vermektir. Hekimlerin çoğu zaten kesin tavsiyede bulunma yetkisinde olmakla birlikte, benzer danışma klinikleri İngilizce konuşulan bazı ülkeler de de kurulmaktadır.

Öte yandan, çoğu ana babanın çocuğuna geçmesini istediği bir nitelik kendi yüksek zekâlarıdır. Ancak, zekânın ne derece geçirilebilir bir şey olduğu halâ tartışılmaktadır; genellikle doğumdan sonra, ayrılıp, farklı ana babalarca bakılan tek yumurta ikizlere dayanan araştırmalar 20 yılı aşkın bir süredir devam etmektedir. Bir kaynak, ana babanın zekâ düzeyinin %50-80 arasında değişen bir oranda aktarılabileceğini tahmin etmektedir. O halde, toplumsal ve çevresel etmenler çocuğun zekâsında aynı derecede etkilidir. Bu da, bugünlerde ABD'de görülen, seçkin erkeklerin spermlerini kullanarak süper zekalı çocuklar üretme çabasının saçmalığını göstermektedir.

SORULAR

1. Kalıtsal özellikler ana-babadan çocuğa nasıl geçmektedir?

2. Genetik etmenler ne gibi hastalıkların aktarılmasında belirleyici rol oynamaktadır?

3. Genetik bozukluklar tıbbi olarak tedavi edilebilir mi?

4. Başat ve Çekinik genler insanlarda ne gibi özelliklerin belirlenmesinde rol oynamaktadır.

5. Genetik Danışma Kliniklerinin yararları nelerdir? Düşüncelerinizi anlatan bir kompozisyon yazınız.

BİR MEVSİM BOYU UYKU

Sincaba benzeyen bir tür farenin efsanevi derin uykusu Lewis Carroll'un "Alice Harikalar Diyarında" adlı kitabında ölümsüzleştirilmiştir. Bir karşılaştırma yaparsak, bizim gece uykularımızı uyku saymamak mümkündür. Kış gelirken, bu küçük hayvan, termostatını kapatır, kalp atışlarını ve nefes alışını yavaşlatır ve beynini de adeta durdurur. Donmaktan kurtulmak için çukurun içine kıvrılarak derin kış uykusuna dalar.

Kış uykusu, ılıman iklim hayvanlarının yılın ancak sıcak mevsimlerinde bol olan yiyecek sorunun gidermek için geliştirdikleri bir yöntemdir. Bu hayvanlar için yazın sıcaklığı bolluk getirir ve yaşamı kolaylaştırır, kısa bir süre sonra da kışın kıtlığı başlar.

Kış uykusu yerine, bazı hayvanlar birçok kuşlar da dahil olmak üzere, kış için daha uygun iklimlere göç ederler. Diğerleri, örneğin kurtlar yalıtım için soğuğa karşı kürklerini daha kalınlaştırırlar ve yaşamak için yeterli yiyeceği de bulurlar. Bazıları, sincaplar gibi, kış boyunca yetecek yiyeceklerini biriktirirler. Ve bazıları da, örneğin Avrupa'nın kahverengi ayıları, Kuzey Amerika'nın siyah ayıları ve rakunlar, zor durumlardan kurtulmak için uykuyu seçerler. Bunlar derin bir uykuda oldukları halde uykuları kış uykusuyla aynı değildir. Eğer vücut ısıları 15°C'in altına düşerse ölürler. Gerçek kış uykusuna yatan hayvanlar, vücut ısıları dışardaki soğukla aynı düzeye inse bile, yaşamlarını sürdürürler. Bunu nasıl başarırlar?

Memeliler, insanlar da dahil olmak üzere, sıcakkanlıdırlar. Bunların yapılarındaki termostatları vücut ısısını ayarlar. Bu sayede bizim vücut ısımız daima belirli bir düzeyde kalır. Eğer öyle olmasaydı, bizler de soğukkanlı hayvanları etkileyen letarji (derin uyku) etkisinden kurtulamazdık, örnek olarak hem sıcak hem de soğuk şartlarda yaşayabilen sürüngenler ve amfibileri (hem karada hem suda yaşayanlar) verebiliriz. Bununla birlikte, bu gelişmiş ısı düzenleyici sistem memelilere çok pahalıya mal olur. Isı düzenleme, çok fazla enerji gerektirir. Bu nedenle de besin gereksinimi soğukkanlılara göre daha fazladır.

Anahtarlı Termostatlar

Kış uykusu sırasında küçük memeliler, örneğin sincapfaresi (Avrupa'da yaşayan bir tür fare) 40°C olan normal vücut ısısını sanki bir anahtarla çevirir gibi donma derecesinin biraz üzerine çevirirler. Kendi denetimleri altındaki hipotermi durumunda vücut metabolizması oldukça yavaşlar. Hayvan çok yavaş nefes almaya başlar ve normalde 300 olan kalp atışları dakikada 7-10'a düşer. Normal vücut refleksleri (insanlarda diz bükme gibi) durur ve beynin elektriksel faaliyeti o kadar yavaşlar ki adeta fark edilmeyecek hale gelir. Hareketsizliğin tehlikelerinden biri, çok soğuk havalarda dokuların donması ve buz kristallerinin bunları tahrip etmesidir. Kış uykusuna yatan hayvanlarda sıvılar, yüksek molekül ağırlıkları olan kimyasal maddelerle tutulurlar. Bu sayede donma dereceleri daha düşürülerek zarar görmeleri önlenir. Ama her durumda bu fizyolojik değişiklikler yeterli değildir. Hayvanlar, ya kendileri kazarak ya da arayarak sıcak, rahat bir çukur bulurlar. Bu çukurda sıcaklık donma düzeyinin üzerindedir. Hayvan bunu yapraklar ve başka malzemeyle yalıtır ve "hibernakulum" adı verilen yuvayı meydana getirir. Bazı türler, (bir çeşit sıçan sözgelimi) bir miktar yiyecek biriktirerek kış uykusunu geciktirirler. Bazıları vücutlarına yağ depo ederek doğrudan uyku durumuna geçerler. Bu yağ, kahverengi yağ olarak bilinen özel bir yağdır. İşlevi ısı vermektir, özellikle hayvan uzun uykusundan çıkarken ısı çok önemlidir.

Yuvanın içindeki hava sıcaklığı donma derecesine düşerse, hayvan uyanır ve bütün sistemlerini çalıştırarak ısısını normale çıkarmak için uğraşır. Eğer bunu yapmazsa ölür. Amerika'da bazı sincaplar her on günde bir uyanırlar. Bunu sık sık yapmamaları onların avantajıdır. Çünkü uyanık oldukları on birinci günde, uykuda geçen on günde kullandıkları kadar enerji harcarlar. Ilıman iklimlerde yaşayan birçok yarasa da kış uykusuna yatar. Fakat sincaplar gibi onların da fazla enerji kaybetmemeleri gerekir. Çünkü depoladıkları, yağı yakmaları ve yakaladıkları böceklerin ağırlıkları arasında olan denge çok naziktir. Bu yüzden düşüncesiz bazı insanların kış uykusundaki yarasa kolonilerini rahatsız etmeleri felakete yol açar.

Bazı kış uykusuna yatan memeliler, Kuzey Amerika'da yaşayan bir tür sincap ve sıçan gibi kış uykularını düzenleyen yıllık bir ritme sahiptirler. Sincaplar kışın üç, dört ay kış uykusuna yatarlar ve bu sırada da hayli kilo kaybederler. İlkbaharda uyandıkları zaman açıklarını kapatmak için çok fazla yemeğe başlarlar ve kış uykusuna yatmadan biraz önce de yeme bakımından en yüksek noktaya ulaşırlar. Hayvanlar laboratuvar koşullarında izole edildikleri zaman bile yıllık ritmleri 2 yıl devam eder. Daha da ilginci, eğer kış uykusuna yatan sincabın serumu (kanın şeffaf kısmı) kış uykusuna yatmayan birine verilirse, bu hayvan da kış uykusuna yatmaya başlar. Görünüşe göre kış uykusu belirli fizyolojik bir mekanizmaya bağlıdır. Bu mekanizma dış etkilerden bağımsız olarak içte "biyolojik saat"le kontrol edilmektedir.

Durum aslında daha karışıktır, şu şekildeki, ısı derecesinin bu ritmle ilişkisi olduğu görülmektedir. Bu etki değişik türlerde değişik şekillerde görülür. Diğer yanda da kış uykusunun devre olarak ışık yoğunluğu, günün uzunluğu ve yiyecek miktarından pek etkilenmediği görülmüştür.

Yıkılan Efsane

18. yüzyıla kadar bütün doğa bilimciler, sıcakkanlı hayvanlardan olan kuşların memeliler gibi kış uykusuna yattıklarına inanırlardı. Örneğin kırlangıçların, uçak öncesi devirde, Avrupa'dan Afrika'ya kadar göç ettikleri inanılmayacak kadar anlamsızdı. Göç sırasında kırlangıçlar geceyi göllerdeki kamışların arasında geçirirlerdi. Bunlar bir sonbahar akşamı gölde kayboldukları zaman, çamurun dibinde kış uykusuna yattıklarına inanmak hiç de hayali sayılmazdı. Kuşların kanatlarına ayrı numaralarla takılan halkalar bu efsanenin yıkılmasını sağladı ve kuşların da olağanüstü yolculuklar yapabileceğini kanıtladı. Çoğu kez olduğu gibi efsane yıkıldıktan bir süre sonra doğrulandı.

Kısa Süreli Hareketsizlik (Uyuşukluk)

30 yıl kadar önce Amerikalı bir kuş bilimci, Güneybatı Amerika'da, bir kaya yarığının içinde Avrupa'daki çobanaldatan kuşunun bir türünü uyur bir durumda bulmuştu. Dikkatli gözlemler ve incelemeler bu tür kuşun normal vücut sıcaklığının 22°C altında 3 ay süreyle kış uykusuna yattığını göstermiştir. Bundan sonra biyologlar diğer bazı kuşların da (arıkuşu ve kırlangıç türünden) yiyecek kıt olduğu zaman enerji tüketimini kısmak için kısa süreli uyku haline geçtiklerini bulmuşlardır.

Birçok soğukkanlı hayvan, soğuk iklimlerde kışı derin bir uykuda geçirirler. Memeliler ve kuşlardan farklı olarak, çevredeki ısıdan bağımsız olarak vücut ısılarını değiştirememektedirler. Hava soğudukça uykuları daha da ağırlaşır ve en sonunda "soğuk anestezi" denilen duruma gelirler. Gerçek kış uykusuna yatanların aksine bunlar uykularından kendileri uyanamazlar, sadece ısıdaki artış onları uyandırabilir. Yılanlar, kertenkeleler, kurbağalar, karakurbağaları ve semender kışı yalnız olarak ya da grup halinde taşların altında ya da nemli toprakla, çamurun içine gömülü durumda geçirirler.

Bazı balıklar ve balarısı, karasinek, uğurböceği ve salyangoz gibi bazı omurgasızlar da kışı uykuda geçirirler.

Zor zamanlarda yaşamı sürdürebilmek için uyumak sadece soğuk bölgelere özgü değildir. Kış uykusunun karşılığı sıcak ve kuru iklimlerde birçok tropik ve subtropik iklimler de vardır. Bu yaz uykusuna estivasyon (yazı uykuda geçirme) denir. Bazı çöl salyangozları kabuklarını kalın bir diyaframla kapatarak kuraklıkta su kaybını önlerler. Hayvan bu durumda yıllarca kalabilir ancak yağmur yağarsa tekrar eski durumuna döner. Ilıman iklimlerde bile, yazlar sıcak ve kurak olabilir ve nem seven bazı hayvanlar bir süre için hareketsiz kalabilirler. Bazı solucanlar yaz uykusuna yatarlar. Bunlar toprağın içinde küçük oyuklar kazarak, bu oyukların içine kıvrılarak uyurlar.

Uykucu Balıklar

Yaz uykusunun şaşırtıcı bir örneğine Avustralya, Güney Amerika ve Afrika'da yaşayan bir tür tatlı su balığında rastlanır (ciğerlibalık). Bunların yaşadıkları göller ve nehirlerdeki su kuruyunca, balıklar çamurun içinde bir çukur kazar, su geçirmeyen bir koza yaparak bunun içinde bir yıl ya da daha fazla uyuyabilirler. Çamurun arasından geçen bir nefes alma tüpü oksijen sağlar. Balıklar gerekli enerjiyi uyku sırasında kas dokularının bir kısmını eriterek sağlarlar. Bu kendi kendini yeme işinin sonunda, balık uykudan kalkıncaya kadar boyu 3 cm. kadar kısalır.

SORULAR

1. Hayvanların kış uykusuna yatmalarının nedeni nedir?

2. Kış uykusuna yatan hayvanlar dışarıdaki soğuğa karşı yaşamlarını nasıl sürdürürler?

3. Kış uykusuna yatan hayvanların metabolizmalarında ne gibi değişmeler olur?

4. Kış uykusunun hangi evresinde ısı büyük önem taşır?

5. Kış uykusunu gerektiren Fizyolojik mekanizma nasıl kontrol edilmektedir?

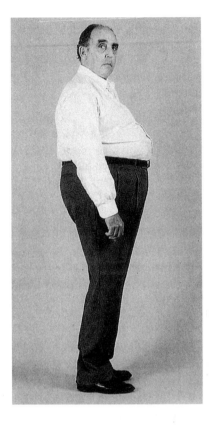

ŞİŞMANLIK BİR HASTALIK MIDIR?

Hakan AKBULUT

Şişmanlık, sadece çağımızda gündeme gelmiş bir konu olmayıp, sanıldığının aksine yüzyıllardır tanınan ve komplikasyonları (yol açtığı kötü sonuçlar) bilinen bu olgu ilk olarak Hipokrat tarafından tanımlanmıştır. Socrates'in de inceliğini koruyabilmek için her sabah düzenli olarak dans ettiği söylenir.

Şişmanlık, çağlar boyunca sanatta da etkili olmuş ve kimi zaman saadet ve bereketin simgesi olurken, kimi zaman da büyük günahlardan biri veya hırsın simgesi sayılmıştır.

Şişmanlık nedir? Estetik bir sorun mu yoksa ciddi bir hastalık olarak mı değerlendirilmelidir? Son yıllarda kardiyovasküler ve endokrinoloji alanında doğurduğu komplikasyonlar daha iyi anlaşıldığından, estetik olmaktan çok klinik bir konu olarak ağırlığını duyurmaya başlamıştır. Çok sayıda araştırma, şişman insanların birçok hastalık yüzünden büyük risk altında olduğunu göstermiştir. Örneğin, Amerikan Kanser Birliğinin 1979 yılında yayınladığı, 336.000 erkek ve 419.000 kadın üzerinde 12 yıllık bir takip sonucu yapılan araştırmaya göre, Diabetes Mellitus, koroner ve kalp hastalıkları ve kanserden ölüm oranları şişman kişilerde % 30-90 daha fazla bulunmuştur.

Tıp dilinde obezite ile fazla kilo (=overweight) kavramını birbirinden ayırmak gerekir. İkincisinde boya göre tanımlanan standart ağırlığın bir miktar üzerine çıkma söz konusudur. Fazla kilolu olan herkes obez olarak değerlendirilemez. Vücuttaki yağ miktarını belirlemek için ancak araştırma amacıyla kullanılabilecek su altı tartıları, vücut suyu ölçümleri, kompüterize tomografi, ultrasound, nötron aktivasyonu ve manyetik rezonans gibi tekniklerle daha kesin bilgiler elde edilmekle birlikte klinikte ve saha çalışmalarında en çok kullanılanlar antropometrik ölçümlerdir. Bunlar arasında yaygın olarak kullanılanlar;

1) Boy ve yaşa göre düzenlenmiş ideal ağırlık tabloları

2) Vücut kütle indeksi (BMI = ağırlık (1 kg / boy m^2)

3) Cilt kıvrım kalınlığı ölçümleridir (Kolun ön ve arka yönü ile kürek kemiğinin altından ölçülür).

Bu ölçümlere göre BMI = 25-30 kg/m^2 ve ideal ağırlığın % 20 fazlasına kadar olan fazla kilo (overweight) olarak değerlendirilirken BMI 30 kg/m^2, ideal kilonun % 20'sinden daha fazla ağırlık veya kol arka yüz + kürek kemiği altı cilt kıvrım kalınlığı erkekler için 45 mm bayanlar için ise 63 mm ise obezite olarak tanımlanır. Bu ölçümler arasında BMI en yaygın kullanılanı ve doğruya en yakın sonuçlar veren metoddur.

Ülkemizde sağlık istatistikleri yeterli olmadığından şişmanlık sorununun yaygınlığı hakkında kesin verilere sahip değiliz. Gelişmiş ülkelerde yapılan çalışmalarda toplumun % 10-12'sinde obezite bulunmuştur. Toplumumuzda da bu değerlerden daha düşük değildir. Obozite oluşana kadar harcanan enerji (kalori) ve oboziteye bağlı komplikasyonlar göz önüne alındığında olayın ekonomik boyutunun da oldukça düşündürücü olduğu görülür.

ŞİŞMANLIĞIN NEDENLERİ

Şişmanlığın çok değişik nedenleri vardır. Şişmanlığın oluşumunda tek bir nedenden ziyade genetik, psikososyal ve çevresel faktörler önemli rol oynar. Ayrıca *Cushing* hastalığı ve nadir görülen bazı genetik hastalıklara bağlı olarak da şişmanlık meydana gelmektedir. Bu gibi durumlarda, şişmanlığın kendisinden çok ilgili hastalık esas problem olarak değerlendirilir. Ancak bu yazımızda başka bir hastalığın sonucu olan şişmanlıklardan değil de, şişmanlığın kendisi primer bir sorun olarak alınmıştır.

Uzun süre şişmanlık ailesel bir olgu olarak ele alınmıştır. Fakat aşırı yemeye sebep olan kalıtsal faktörlere, yanlış yeme alışkanlıklarına yol açan çevresel faktörlerden ayırmak oldukça zordur. Yapılan çalışmalarda obez anne-babaların çocuklarında şişmanlık oranı % 80 iken, normal yapılı olanlarda bu oran % 14'ü geçmemektedir. Diyet kontrolü ve fizik aktiviteyi arttırmak suretiyle, şişmanlığa genetik yatkınlığı olanlarda kilo kontrolü mümkün olabilmektedir.

Şişman insanların çoğunda yeme davranışında bir bozukluk söz konusu olup, bunun sonucunda harcadıklarından çok daha fazla miktarda kalori alırlar. Yalnız bu, şişmanların her zaman en fazla yiyen kişiler olduğu anlamına alınmamalıdır. Obur kişilerde, besinleri tanıma ve besin uyaranlarına tepki

58

vermede abartılmış bir cevap vardır. Yine bu kişiler, daha çok şekeri düşük, yağ oranı yüksek yiyecekleri tercih ederler.

Obez kişiler, genelde daha az aktif olma eğilimindedir. Zayıf kişilerle eşit miktarlarda az besin alsalar bile enerji harcamaları çok daha azdır. Harcadıklarından daha fazla olarak aldıkları enerji ise yağ dokusu şeklinde depolanır. Bu konuyla ilgili çalışmalar henüz ayrıntılı bir mekanizmayı ortaya koyamamıştır.

Obezite oluşumunda psikososyal patalojiler de oldukça önemlidir. Çocuklar üzerinde yapılan çalışmalarda, şişman çocukların emosyonel olarak daha fazla rahatsız edildiği ve ebeveynleri ile ilişkilerinin daha bozuk olduğu bulunmuştur. Obez çocukların annelerinin sıklıkla aşırı koruyucu ve kollayıcı olması ve çocuklarına beslenme gayesinden çok sevgi ve düşkünlüklerinin bir ifadesi olarak yiyecek vermeleri de bu çalışmalarda dikkati çeken bir husustur. Bu tür anormal anne-çocuk etkileşimleri sonucu bu çocuklar, güvensizlik ve yetersizlik duygularıyla yetişirler. Çocukluktaki bu yanlış öğrenme tecrübelerinin sonucunda bireyler açlık, doyma ve diğer fizyolojik duyumları gösteren iç uyarımları doğru olarak tanıyamazlar.

Şişman erişkinlerde aşırı yemeyi başlatan faktörler arasında anksiyete (iç sıkıntısı) ve depresyona sıkça rastlamaktayız. Hafif stres dönemlerinde obezlerin çoğunun önemli ölçüde kilo aldıkları gözlenir. Şişmanların bazılarında belirgin psikopatoloji bulunmaktadır. Erişkin yaşta başlayan şişmanlıkların birçoğunda da psikolojik travmalara cevap olarak duygu durumunu dengelemek için aşırı yemeye bağlı kilo alımı söz konusudur.

HARCADIĞIMIZDAN DAHA FAZLA KALORİ ALDIĞIMIZDA NE GİBİ OLAYLAR OLUR?

İhtiyaç fazlası olan kalori yüksek enerji taşıyan yağ molekülleri haline dönüştürülür. Bu moleküller de vücudumuzda yaygın olarak bulunan adiposit adı verilen yağ hücrelerinde depolanır. Adipositler organizmanın enerji dengesine göre genişleyip büzülerek bir enerji deposu oluştururlar. Bu hücreler maksimum kapasiteleri olan 1 mg ağırlığa erişinceye kadar hacimlerini arttırabilmektedir. Eğer pozitif enerji dengesi halâ devam ediyorsa, bu noktadan sonra hücreler çoğalmaya başlar ve sayıca artarlar (yağ hücreleri sınırsız çoğalma yeteneğine sahiptir). Kilo kaybı olduğu durumlarda ise hücreler hacim olarak küçülürken sayıları sabit kalır.

Yağ hücrelerinin biraraya gelerek oluşturduğu yağ dokusunun vücuttaki dağılımı değişiklikler arz eder. Android (erkek) tipi olarak adlandırılan yağ depolanmasında vücudun üst kısmındaki yağ dokuları artar ve daha çok hücre genişlemesi şeklinde olur. Gynecoid (dişi) tipi depolanmada ise vücudun alt yarısında hücre sayısının artışı şeklinde olur. Doğal olarak bu tür şişmanlık tedaviye daha dirençlidir.

Bölgesel yağ dağılımı, şişmanlığa bağlı hastalıkların sıklığı açısından da önem taşır. Bel kalça oranı ile ifade edilen dağılım oranında bu oranın 0,95'ten büyük olması android tipte oboziteyi, 0.76'dan küçük olması ise *gynecoid* tipte oboziteyi gösterir. Hem erkeklerde ve hem de kadınlarda bu oranın artması, koroner kalp hastalığı ve ölüm riskini belirgin olarak arttırmaktadır.

KLİNİK ÖZELLİKLER VE TIBBİ KOMPLİKASYONLAR

Obez kişilerde yağ dokusunun doğrudan etkisiyle ve yağ dokusunun meydana getirdiği metabolik ve hormonal değişiklikler sonucu birçok hastalığa zemin hazırlanır ya da mevcut hastalığın şiddeti artar. Aşırı şişman kişilerde görülen en belli başlı komplikasyonlar arasında hipertansiyon, koroner arter hastalığı, insüline bağlı olmayan diabetes mellitus, safra kesesi taşları ve solunum problemleri sayılabilir.

Şişman erişkinlerde diyabet sıklığı 3 kat daha fazladır. ABD'de insüline bağlı olmayan diyabetli hastaların % 85'i obezdir. Şişmanlık, genetik yatkınlığı olanlarda insülin direncini ve pankreas adacıklarına olan ihtiyacı arttırarak, sonunda diyabetin yerleşmesini kolaylaştırıcı rol oynar. Şişman diyabetlilerde kilo vermeyle birlikte hastalıkta düzelme görülür. Öyle ki çoğu zaman tedaviye gerek duyulmaksızın sadece diyetle kan şekeri normal seviyelerde tutulabilir.

Şeker hastalığında olduğu gibi hipertansiyon sıklığı da şişmanlarda 3 kez daha fazladır. ABD'de yapılan bir çalışmada, ideal kilolarının %20 üzerinde olan kişilerde yüksek tansiyonun 10 kez daha sık olduğu görülmüştür. Kilo vermeyle birlikte, tuz kısıtlaması yapılmadan bile arteryal kan basıncında düşme olmaktadır.

Şişman hastalarda kan hacminin ve kalbin atım hacminin artmasına bağlı olarak kalpte zorlanma ve zamanla karıncıklarda genişleme meydana gelerek, sonuçta kalp yetmezliği oluşmaktadır. Obezlerde sık görülen hipertansiyon ise kalp yetmezliği oluşumunu kolaylaştıran diğer bir faktördür.

Genişleyen yağ hücresi, insülinin yağ metabolizması üzerindeki etkilerine (lipid yapıcı) daha az duyarlıdır. İnsülin direnci adını verdiğimiz bu durum sonucunda, kanda insülin miktarı artarak karaciğerde yağın artışına neden olur ve kandaki trigliserid ve kolesterol düzeyleri yükselir. Bu da koroner arter hastalığı olayının temel patolojisi olan atherostkeroz (damar sertliği) olayını hızlandırır. Kilo kaybıyla birlikte trigliserid düzeyleri de normale döner.

Kolesterol yapımının artmasıyla birlikte, safra kanalları yoluyla atılımda artış olur ve buna paralel olarak safra kesesinde kolesterol taşları oluşur. Bunun doğal sonucu olarak da taşlara bağlı komplikasyonlar, pahalı taş kırma yöntemleri ve cerrahi girişimler gündeme gelir.

Amerikan Kanser Birliğinin 1979 yılında yaptığı geniş çaplı araştırmada, şişman kadınlarda endometrium kanserinin 20 kez, meme kanserinin ise, 2-3 kez daha fazla olduğunu ortaya çıkarmıştır. Bu risk artışının, büyük ölçüde yağ dokusunda östrojen hormonu yapısı artışına bağlı olarak, bu hormonun söz konusu organlar üzerindeki uyarıcı etkisine bağlıdır. Nedeni bilinmemekle birlikte kalın bağırsak ve prostat kanserlerinden ölüm oranları da şişman erkeklerde daha yüksek bulunmuştur.

61

Şişmanlığın, doğrudan etkili olduğu hormonal sistemden başka, mekanik etkileriyle kas-iskelet sisteminde, ciltte de dolaylı olarak değişik rahatsızlıkların oluşmasına etkileri olmaktadır.

ŞİŞMANLIĞIN TEDAVİSİ

Şişmanlık tedavisi çok zor olan bir hastalıktır. Tedavide pasif olarak ilacı kullanmaktan çok, kişinin aktif olarak tedaviye katılması ve iradesi söz konusudur. Hekimin sorumluluğu ise, mümkün olduğunca hastayı desteklemesi ve yardımcı olmasıdır.

Vücut ağırlığını kontrol altına almada çok değişik uygulamalar bulunmakla birlikte, bilimsel ve sağlığa uygun olmaları nedeniyle başlıca üç yaklaşım vardır; diyet, egzersiz ve ilaçlar. İlaç tedavisi sık başvurulmayan bir yöntemdir. Kullanılan ilaçların bağımlılık yapması, uzun süreli kullanımda etkilerinin sınırlı olması nedeniyle sadece hekim kontrolünde ve diğer tedavilere yardımcı olmak amacıyla ilaç kullanılabilir.

Obez kişiler genel olarak daha az aktif olmaya meyillidirler. Şişmanlığın oluşmasında alınandan daha az kalori harcanmasının da önemli yer tuttuğu düşünülürse, tedavide kalori kullanımını arttırmanın önemi daha iyi anlaşılır. Orta dereceli egzersiz programları, kişinin besin alma ihtiyacını arttırmadığından kilo vermede oldukça yararlıdır.

Tedavide esas önem taşıyan diyetin düzenlenmesidir. Hastalığın oluşum mekanizması dikkate alındığında, ulaşılan ağırlığın devam ettirilmesindeki güçlükler nedeniyle, kısa süreli diyet programları pek yararlı olmamaktadır. Amaca uygun bir diyette bulunması gereken belli başlı özellikleri şu şekilde sıralayabiliriz:

• Kişinin damak zevki ve yemek alışkanlıklarına uygun olmalıdır.

• Besin değeri olarak yeterli olmalıdır. 1100 kilo kalorinin altındaki diyetlere mutlaka vitamin ve mineral ilâvesi yapılmalıdır.

• Diyetteki besinler çeşitli ve dengeli olmalıdır.

• Azot dengesini koruyabilmek için hedeflenen kiloya uygun olarak protein miktarı 0.8-1.2 gm/kg'dan az olmamalıdır.

• Diyet proteinleri mutlaka yüksek kaliteli olmalıdır (Esansiyel amino asitleri içermelidir).

• Yüksek yağ-düşük karbonhidrat, yüksek karbonhidrat-düşük yağ veya çok düşük kalorili (300-700 kilo kalorili) vb. dengesiz diyetler kısa sürede kilo kaybı sağlamakla birlikte uzun süre devam ettirilmeleri sakıncalı olduğundan ve bıraktıktan sonra da verilen kilolar hızla geri alındığından mutlaka kaçınılmalıdır.

Psikoanaliz ve psikoterapi kilo kontrolünde çok yararlı olmamıştır. Fakat davranış tedavisi dediğimiz yeme davranışlarını değiştirmeye yönelik tedaviler başarılı olabilmektedir. Bu yöntemle kişi öncelikle yediklerinin bilincine varmaktadır. Sadece yediği şeylere değil, nerede ne zaman ve kimlerle yediği konularına da dikkat etmeyi öğrenir. Yeme ile ilgili davranışlarını bu şekilde kontrol altına almak suretiyle, aşırı kilo alımına yol açan faktörleri ortadan kaldırmak çok daha kolay hale gelir.

Şişmanlığın tedavisinde en zor problem, elde edilen ağırlığın korunmasıdır. Kilo kaybını devam ettirmede şişmanlığın derecesiyle birlikte tipi de önemlidir. Yağ hücrelerinin çoğalmasıyla giden şişmanlıklarda tedavi oldukça zordur. Şişmanlamaya eğilimin kısmen kalıtsal olsa da büyük oranda çevresel faktörlere bağlı olduğu unutulmamalıdır. Unutulmaması gereken diğer bir husus da şişmanlığın, özellikle 45 yaşın altında olduğu zaman, çok sayıda hastalığın oluşumunu ve bu hastalıklardan ölüm oranını arttırdığıdır.

SORULAR

1. Şişmanlık estetik mi, yoksa klinik bir sorun mudur?

2. Obezite ile fazla kilo arasında ne fark vardır?

3. Şişmanlığa etki eden nedenler nelerdir? Açıklayınız.

4. Şişmanlık ile vücuttaki yağ hücreleri arasındaki bağlantıyı açıklayınız.

5. Günümüzde şişmanlık tedavisi yapılırken ne gibi yöntemler kullanılmaktadır? Örnekler vererek açıklayınız.

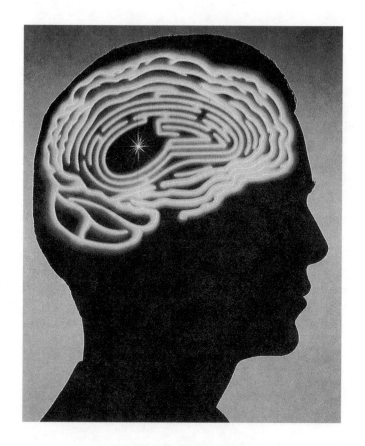

PARLAK ZEKALAR

Albert Einstein'in beyni ölümünden sonra incelendiğinde, hiçbir olağandışılığa rastlanmadı. Bu, araştırmacıları hayal kırıklığına uğrattı. Çünkü incelemeden önce, bir dahinin beyninin, sıradan bir insanın beyninden farklı olacağını sanıyorlardı.

Psikologlar, eğitimciler ve felsefeciler deha kavramını açıklamak için uzun yıllardır çalışmaktadır. Einstein'in beyni üzerinde yapılan inceleme, bu konudaki sayısız girişimden yalnızca biridir. Bu girişimler çok sayıda şaşırtıcı buluşa yol açmıştır.

Bugün, yaygın görüş; dehanın hem kalıtıma hem de çevresel etmenlere bağlı olduğu yolundadır. Kişi, doğuştan bir deha yaratacak potansiyel taşısa bile, göreceği eğitim ve deneyimleri, bu potansiyelin gerçekleşip gerçekleş-

64

meyeceğini bir dereceye kadar belirler.

Lewis M. Terman (1925-1959) "Dehanın Genetik Olarak İncelenmesi"nde zekâ testi kullanarak IQ'su (zeka bölümü) 140 ya da daha yukarı olanları dahi olarak sınıflandırmıştı. Terman'ın dehayı tanımlaması çok eleştirildi. Bu "zeka" düzeyine 250 kişiden 1'inde rastlanmaktadır. Eleştirilerde, bu ölçütün yeterince sıkı olmadığı ve alt IQ sınırının 180 (1 milyon kişiden 6'sında rastlanır) olarak saptanması gerektiği öne sürülmüştür. Diğer eleştirilerde ise, zeka testlerinin, dehanın, yaratıcılık, karakter gücü, farklı bilinç durumlarına girebilme yeteneği gibi yönlerini ölçmekte yetersiz olduğu belirtilmiştir.

Terman dahi olarak tanımladığı insanların yeteneklerini erken yaşlarda, özellikle müzik, dil, matematik ve fen bilimleri alanlarında belli ettiklerini saptamıştı.

Terman'ın incelediği çocuklar arasında az sayıda kuraldışı örnek bulunuyordu. Bazıları yoksulluk içinde yaşıyor ve evlerinde çok az ilgi görüyorlardı. Çok üstün yetenekleri olan bir çocuk zekaca geri annesiyle birlikte yaşıyordu. Kızkardeşlerinden biri akıl hastasıydı; diğer üçüyse normalin altında zekaya sahipti.

Deha üzerine ilk araştırmaları yapanlardan Catherine Cox (Stanford Üniversitesi) geçmişte yaşamış 300 dahiyi inceleyerek, deha kavramını yeniden tanımlamaya çalıştı. Dahilerin genellikle çok yönlü olduğunu, bir konu üzerinde uzmanlaşmış dahilerin o denli sık görülmediğini saptadı. Örneğin Leonardo da Vinci, güzel sanatlardan mühendisliğe kadar çok farklı konularda çalışmıştı.

Yeteneği dehadan ayırt etmek en önemli konudur. Yetenek, kişinin belirli bir beceriye olan doğal yatkınlığıdır. Söz konusu beceriyi kolayca ve hızla öğrenebilmesidir. Deha ise, sorunlara özgür bir yaklaşım sağlayabilmektir. Dahi, daha önce el atılmamış alanlarda çalışabilme ve insanlık için büyük önem taşıyan buluşlar yapabilme yeteneğine sahiptir. Bir dahinin yaşamının simgesi, yorulmak bilmeden uzun çalışma ve kararlılıktır. 1931'de Thomas Edison'un belirttiği gibi; "Dehanın yüzde biri esin, yüzde doksandokuzu ise terdir".

Deha konusunda diğer bir görüş ozan, Dryden'in söylediği gibi, "Büyük dehalar deliliğe yakındır. Aralarında ince bir sınır vardır.

Deha ve Delilik

Deha gerçekten deliliğe yakın mıdır? Dehayı suçluluk, paranoya ve cinsel sapıklıkla bir tutanlar olmuştur. Dahinin, uyum göstermekte zorluk çektiği doğrudur. Olağandışı davranışların toplumun hoşgörüsü ile karşılandığı ender olarak görülmüştür.

Dahiler üzerine günümüzde yapılan incelemeler dahilerin akıl hastalıklarına diğer insanlardan daha az yakalandıklarını göstermiştir. Olağanüstü zekâlı yetişkinler ve çocuklar duygusal ve toplumsal uyum sağlamakta diğer insanlardan daha üstün olmaktadır.

Geçmişin birçok dehası erkekti. Bu durum, toplumun kadınlardan beklediklerinin bir sonucu olarak görülebilir. Çünkü kadınların rolü, yüzyıllardır ev işleri ve çocuk bakımıyla sınırlı kalmıştır. Son on yıl içinde yapılan araştırmalar kadınların yaratıcılık ve zekâ konularında erkeklerden geri olmadıklarını ortaya çıkardı. Kadın dahilerin azlığını, kadın ve erkek arasındaki zihinsel farklara bağlayan görüşü destekleyecek herhangi bir kanıt yoktur.

Çocuk dahiler nasıl yetiştirilmelidir? Müzik eğitiminde kullanılan "Suzuki Yöntemi"nin çocuklarda doğuştan gelen yetenekleri geliştirebileceği öne sürülmüştür. Çocuklar, iki yaşından sonra keman, piyano ve viyolonsel dersleri almaya ve annelerinin özendirdiği günlük çalışma programlarını izlemeye başlarlar. Bu tür eğitim programlarının olağan yetenekte bir çocuğu bir dahi haline getirebileceği de öne sürülmüştür. Dehanın daha erken bir aşamada geliştirilmesi için ek bir yöntem kullanılmaktadır. Özel tasarımlanmış bir ses kayıt aygıtı, hamile kadının karnının yanına konmakta ve ana rahmindeki bebeğe klasik müzik dinletilmektedir. Uluslararası üne sahip bir Japon kemancısının sanat yaşamına ana rahminde aldığı "eğitim" ile başladığı rivayet edilmektedir. Yeni doğacak çocuklarına böyle bir eğitim vermek isteyen ana babalar genellikle müziğe yatkın kişilerdir (bu da gerekli kalıtımsal özellikleri sağlar) ve çocuk büyüdükçe gerekli eğitimi sağlayacaklardır.

Bir matematik dahisi için nasıl bir eğitim gereklidir? Bu alanda görülen dahiler başarılarını çoğunlukla yirmi yaşlarında sağlamışlardır. Bu nedenle bilginin sınırlarını zorlayacaklarsa, hızlandırılmış erken eğitimin çok gerekli olduğu öne sürülmektedir. Özel yetenekli çocuklar için gereksinimlerini karşılayacak zengin matematik dersi geliştirilmiştir.

Üstün yetenekli çocuklara özel eğitim sağlama çabaları bazen de dahilerin adını kötüye çıkarmaktadır. Bazıları, bu eğitim programlarını, daha az yetenekli çocuklara ayrılmış kaynakların, ayrıcalık yaratacak şekilde kullanılması olarak görmektedir. ABD'de üstün yetenekliler için hazırlanmış özel programlar, dahilere, aşağılayıcı anlamda "Ciddi Derecede Yetenekli" gibi adların verilmesine neden olmuştu.

Toplum için dehayı tam olarak tanımlama, teşhis etme, inceleme ve geliştirme büyük önem taşır. Bugünün mucize çocukları, geleceğimiz için en değerli cevherlerdir. Gerektiği biçimde eğitilmezlerse, yeteneklerinin baskısı altında geliştirecekleri toplumdışı duygular, zekâlarını suç işlemeye yöneltebilir.

Üstün Irk

Üstün yeteneklilere uygun biçimde zenginleştirilmiş bir eğitim sağlayarak üstün bir ırk yetiştirildiği korkusuna kapılmak için hiçbir neden yoktur. Toplumun tümü için parlak bir geleceği güven altına almak üzere çocuk dahilere yeteneklerini zenginleştirecek bir eğitim sağlanmalı ve bu çocuklar üretken olmaya ve içinde yaşadıkları topluma bağlı olmaya özendirilmelidir.

SORULAR

1. Zekâ testleri insanda ne gibi özelliklerin belirlenmesi için yapılmaktadır? İnsan beyninin tüm özelliklerini ortaya çıkarabilmek için yeterli midir?

2. Yetenek ve deha arasında bir yakınlık var mıdır? Örnekler vererek açıklayınız?

3. Deha ile paranoya, cinsel sapıklık arasında bir ilişki var mıdır?

4. "Suzuki Yöntemi" nedir? Ne gibi durumlarda kullanılmaktadır?

5. Dehanın teşhis edilmesi, incelenmesi, tanımlanması toplum açısından önemli midir? Niçin?

6. "Dehanın yüzde biri esin, yüzde doksan dokuzu ise terdir" sözünü açıklayan bir kompozisyon yazınız?

BİLİMİN ÖNCÜLERİ
LAVOISIER
(1743-1794)

Lavoisier, yaşam döneminde oluşan iki devrimin paylaştığı bir kişidir. Devrimlerden biri, yüzyıllar boyunca "simya" adı altında sürdürülen çalışmaların, bugünkü anlamda, kimya bilimine dönüşmesidir. Lavoisier, bu devrimin kahramanıdır. İkinci devrim ise "1789 Fransız İhtilali" diye bilinir. Lavoisier, bu devrimin getirdiği terörün kurbanıdır.

Antoine Laurent Lavoisier, Parisli zengin bir ailenin çocuğu olarak dünyaya gelir. Daha küçük yaşında iken annesini yitiren Lavoisier, babasının yakın ilgi ve bakımıyla büyür; başlangıçta belki de onun etkisiyle hukukçu olmaya yönelir. Ancak bu arada uyanan deneysel bilim merakı, çok geçmeden bir tutkuya dönüşür. Yirmi bir yaşına yeni bastığında, Paris'in sokaklarını aydınlatma proje yarışmasında birinciliği alır. Fransız Bilim Akademisince altın madalya ile ödüllendirilir. Yirmi beş yaşına geldiğinde, özellikle kimya alanındaki çalışmaları göz önünde alınarak Akademi'ye üye seçilir. Bu arada, hükümetin özel bir komisyonunda görevlendirilen genç bilim adamı, metrik sistemin oluşturulması, Fransa'nın jeolojik haritasının çıkarılması gibi etkinliklerden tarımda verimin yükseltilmesine uzanan pek çok uygulamalı bilim çalışmalarını düzenler. Ayrıca, o sıra bir tür abluka altında olan ülkesinin savunma ihtiyacı barutun üretim sorumluluğunu üstlenir. Genç bilim adamı bu kadarla da yetinmez; ilerde yaşamını yitirmesine yol açan bir işe, ülkenin bozuk vergi sistemini düzeltme işine el atar. Ama tüm bu uğraşlarına karşın Lavoisier, kendisini asıl ilgilendiren bilimden kopmamıştır; her fırsatta özel laboratuvarına çekilip deneylerini sürdürmekten geri kalmaz.

Lavoisier, bilim dünyasında en başta yanma olayına ilişkin geliştirdiği yeni kuramıyla ün kazanır. Ne var ki, kimya devrimini oluşturmada başka önemli çalışmaları da vardır. Ayrıca deneylerinde, özellikle ölçme işleminde gösterdiği olağanüstü duyarlılık, kendisini izleyen yeni kuşak araştırmacılar için özenilen bir örnek olmuştur. Kimya, dil, mantıksal düzen ve kuramsal açıklama yönlerinden bilimsel kimliğini Lavoisier'e borçludur. Tüm bu çalışmalarında ona büyük desteği eşi sağlar: Deney şekillerini çizer, yabancı dillerden kaynak çevirilerini yapar, makale ve kitaplarını yayıma hazırlar.

Lavoisier araştırmalarına başladığında, kimyada Antik Grek'lerin maddeye ilişkin dört element (toprak, su, ateş ve hava) öğretisinin yanı sıra, yanmaya ilişkin *flogiston* kuramı geçerliydi. Bilindiği gibi, bir tahta ya da bez parçası yandığında duman ve alev çıkar; yanan nesne bir miktar kül bırakarak yok olur. Yürürlükteki kurama göre, yanma, yanan nesnenin "flogiston" denen, ama ne olduğu bilinmeyen, gizemli bir madde çıkarması demekti. Odun kömürü gibi yandığında geriye en az kül bırakan nesneler flogiston bakımından en zengin nesnelerdi. Bilim adamlarının çoğunlukla doyurucu bulduğu bu kurama ters düşen kimi gözlemler de yok değildi. Bunlardan biri yanma için havanın gerekliliğiydi. Bir diğeri, kurşun gibi madenlerin, erime derecesinde ısıtıldığında, yüzeylerinde oluşan calx'ın, madenin eksilen bölümünden daha ağır olmasıydı. Aslında yanma olayını açıklamadaki güçlüğün bir nedeni gazlara ilişkin bigi eksikliğiydi. 1756'da İskoç kimyageri Joseph Black "sabit gaz" dediği karbon dioksiti (CO_2) bulununcaya dek bilinen tek gaz hava idi. İngiliz kimya bilgini Joseph Priestley, daha sonra deneysel olarak on kadar yeni gaz keşfeder. Bunlardan biri onun "yetkin gaz" dediği, ilerde Lavoisier'in "oksijen" adını verdiği gazdır. Priestley, oksijeni bulmasına karşın flogiston kuramından kopamaz. Üstün bir deneyci olan bu İngiliz bilim adamı, kuramsal yönden rakibi Lavoisier ile boy ölçüşecek yeterlikte değildi.

Lavoisier, yanma olayı ile 1770'lerin başında ilgilenmeye başlamıştı. Kapalı bir kapta fosfor yakınca gazın ağırlığının değişmediğini, oysa kabı açtığında havanın içeri girmesiyle birlikte gazın ağırlığının az da olsa arttığını saptamıştı. Bu gözlemin yürürlükteki kurama uymadığı belliydi, ama daha doyurucu bir açıklaması da yoktu. Lavoisier, aradığı açıklamanın ipucunu birkaç yıl sonra, Priestley'le Paris'te buluştuğunda elde eder. Priestley, cıva oksit üzerindeki deneylerinden söz ederken, bulduğu "yetkin gaz'ın özelliklerini belirtir. Lavoisier, yayınlarının hiçbirinde Priestley'e hakkı olan önceliği tanımaz; sadece bir kez, "Oksijeni Priestley'le hemen aynı zamanda keşfetmiştik," demekle yetinir.

Doğrusu, oksijenin keşfinde öncelik Lavoisier'in değildi; ama bu gazın gerçek önemini ilk kavrayan bilim adamı oydu. Piestley'in deneylerini kendine özgü dikkat ve özenle tekrarlamaya koyulur. Belli miktarda havaya yer verilen bir kapta civa ısıtıldığında, civanın kırmızı civa oksite dönüşmesiyle ağırlık kazandığı, havanın ise aynı ölçüde ağırlık yitirdiği görülür. Lavoisier, deneylerinde bir adım daha ileri gider: Civadan ayırdığı civa oksiti (calx'ı) tarttıktan sonra daha fazla ısıtır; kora dönüşen kırmızı oksitin giderek yok olmaya yüz tutuğunu, geriye belli sayıda civa taneciğiyle, solunum ve yanma sürecinde atmosferik havadan daha etkili bir miktar "elastik akıcı" kaldığını saptar. Elastik akıcı Priestley'in "yetkin gaz" dediği şeydi. Lavoisier, üstelik bu artığın ağırlığı ile civanın ilk aşamadaki ısıtılmasında azalan hava ağırlığının da eşit olduğunu belirler. Dahası, civa oksitin ısı altında civaya dönüşmesiyle kaybettiği ağırlıkla çıkan gazın ağırlığı denkti. Bunun anlamı şuydu: Yanma, yanan nesnenin flogiston salmasıyla değil, havanın etkili bölümüyle (yani oksijenle) birleşmesiyle gerçekleşmektedir. Başta önemsenmeyen bu kuram, suyun iki gazın birleşmesiyle oluştuğuna ilişkin Cavendish deney sonuçlarını da açıklayınca, bilim çevrelerinin dikatini çekmede gecikmez. Cavendish, deneylerinde asitlerin metal üzerindeki etkisinden "yanıcı" dediği bir gaz elde etmiş, bunu flogiston sanmıştı. Ancak Priestley'in bir deneyi onu bu yanlış yorumdan kurtarır. Priestley, hidrojen ve oksijen karışımı bir gazı elektrik kıvılcımıyla patlattığında bir miktar çiyin oluştuğunu görmüştü. Aynı deneyi tekrarlayan Cavendish, daha ileri giderek patlamada "yanıcı" gazın tümünün, normal havanın ise beşte birinin tüketildiğini, öylece oluşan çiyin ise arı su olduğunu saptar.

Flogiston teorisi yıkılmıştı artık! Yeni teorinin benimsenmesi, kimi bağnaz çevrelerin direnmesine karşın, uzun sürmez. Kimyada geciken atılım sonunda gerçekleşmiş olur.

Lavoisier, ulaştığı sonucu Bilim Akademisine bir bildiriyle sunar; ne var ki, tek kelimeyle de olsa Priestley, Cavendish, vb. deneycilerin katkılarından söz etmez.

Lavoisier'in aslında ne yeni kimyasal bir nesne ne de yeni kimyasal bir olgu keşfettiği söylenebilir. Onun yaptığı, başkalarının bulduğu nesne ve olgular açıklayan, kimyasal bileşime açıklık getiren bir kuram oluşturmak, kimyasal nesneleri adlandırmada yeni ve işler bir sistem kurmaktı. 1789'da yayımlanan **Traité Elementaire de Chimie** adlı yapıtı, kendi alanında, Newton'un **Principia**'sı sayılsa yeridir. Biri modern fiziğin, diğeri modern kimyanın temelini atmıştır.

Lavoisier'i unutulmaz yapan bir özelliği de nesnelerin kimyasal değişimlerini ölçmede gösterdiği olağanüstü duyarlılıktı. Bu özelliği ona "Kütlenin Korunumu Yasası" diye bilinen çok önemli bilimsel bir ilkeyi ortaya koyma olanağı sağlar. Lavoisier, kimi kez kendi adıyla da anılan bu ilkeyi şöyle dile getirmişti:

Doğanın tüm işleyişlerinde hiçbir şeyin yoktan var edilmediği, tüm deneysel dönüşümlerde maddenin miktar olarak aynı kaldığı, elementlerin tüm bileşimlerinde nicel ve nitel özelliklerini koruduğu gerçeğini tartışılmaz bir aksiyom olarak ortaya sürebiliriz.

1794'te solunum üzerinde deneylerini yapmakta olduğu bir sırada, Lavoisier Devrim Mahkemesi önüne çağrılır. İki suçlamaya hedef olmuştur: (1) devrim karşıtı olarak karalanan aristokrasiyle ilişkisi; (2) vergi toplamada yolsuzluk (Lavoisier topladığı vergilerin küçük bir bölümünü laboratuvar deneyleri için harcamıştı).

Lavoisier'i kurtarmak için dostları mahkemeye koşmuştu, ama tanık olarak bile dinlenmemişlerdi. "Yurttaş Lavoisier'in çalışmalarıyla Fransa'ya onur sağlayan büyük bir bilgin olduğunda hepimiz birleşiyor, bağışlanmasını diliyoruz" dilekçesiyle başvuran günün seçkin bilim adamlarına yargıcın verdiği yanıt kesin ve çarpıcıdır: "Cumhuriyet'in bilginlere ihtiyacı yoktur!"

Galileo, yaşamının son on yılını Engizisyon'un göz hapsinde geçirmişti. Lavoisier'in sonu daha acıklı olur: Elli bir yaşında iken "devrim" adına kafası giyotinle uçurulur.

SORULAR

1. Lavoisier'i bilim dünyasına tanıtan ilk çalışması nedir?

2. Yanma olayının, oksijenin etkisiyle gerçekleştiğini nasıl kanıtlamıştır?

3. Lavoisier'in 1789'da yayımladığı yapıtı ile Newton'un Principia'sı arasında ne gibi benzerlik vardır?

4. *Kütlenin Korunumu Yasası* nedir?

5. Lovoisier niçin ölümle cezalandırılmıştır?

STRESİN BİYOKİMYASAL TEMELLERİ

Clare STANFORD

Hemen hemen herkesin hayatında, iş değiştirme, yoksulluk, sınavlar ve hatta büyük şehirlerin trafiği gibi nedenlerle stresli anlar olmuştur. Normalde stresten uzaklaşmaya, kaçmaya çalışırız; fakat kaçamazsak ona adapte olmak zorundayız. Bu adaptasyon, bazen "strese dayanıklılık" olarak nitelendirilir. Stresi tam olarak tanımlayabilmek zor olmasına rağmen, stresten kaçma ve strese karşı koyma, stresle uyumlu olabilmenin en önemli iki parçasıdır.

Eğer stresle olan savaşımızda yenik düşersek, stres yorgunluk, sinirlilik ve hatta gastrit ülser (mide ülseri), kalp ve damar hastalıkları ve anksiyete, depresyon gibi çok ciddî hastalıklara yol açabilir. Şu noktayı da belirtmek gerekir ki, strese giren herkes kalp krizi ya da depresyon geçirmiyor. Bazı kimseler diğerlerine göre daha yatkın oluyorlar. Bugün birçok bilim adamı, stres adaptasyon farklılıklarının temelinde, beyin hücrelerindeki biyokimyasal değişikliklerin yattığına inanıyorlar.

Stres, böbrek üstü bezlerinden başta adrenalin olmak üzere birçok hormonun salıverilmesine neden olur. Bunlardan bir tanesi de adrenaline yapıca ve görevce çok benzeyen noradrenalindir. Adrenalin ve noradrenalin vücut üzerinde günlük konuşmalarda "stresli davranışlar" diye söylenen saç dikleşmesi, soğuk terleme, üşüme, titreme gibi değişikliklere neden olurlar. Bu olaylar bizim strese karşı koymamıza veya ondan uzaklaşarak ortama uyum sağlamamıza yardım ederler. Fizyolojik olarak da bu olaylar, korku ve anksiyeteye verilen cevapla aynıdır. Yani korku ve anksiyete durumlarında da aynı olaylar görülür. Bunu destekleyen bir olay da adrenalin ve noradrenalinin etkilerini bloke eden ilaçların anksiyeteyi azaltmasıdır.

Adrenalin ve noradrenalin aynı zamanda nöron adı verilen sinir hücrelerinden de salıverilirler ve sinirler arasında nörotransmiter (sinirlerarası aşırımdan sorumlu kimyasal aracı) görevi görürler. Noradrenalini nörotransmiter olarak kullanan hücreler vücudun hemen hemen tüm organlarında bulunurlar.

Bu tür maddelerin salıverilmesi, stresin açtığı tıbbî rahatsızlıkların sebebini açıklayabilir. Örneğin, kandaki çok yüksek konsantrasyondaki noradrenalin (adrenal bez tümörü vakalarında olduğu gibi) kalp kasının ölümcül derecede yıkımına neden olabilir. Stres bu hormonun kandaki düzeyini artırır ve kalpte benzer etki yapar. Stres kaynaklı psikiyatrik bozuklukların temelinde de daha çok beyinde meydana gelen bazı değişiklikler yatar. Bu nedenle psikofarmakologlar stresin, beynin çalışmasını hangi yolla değiştirdiğini bulmaya çalışıyorlar. Stresin beyin ve omurilikteki (kısaca santral sinir sistemindeki) etkilerini araştıran çalışmaların çoğu, stresle limbik sistemde meydana gelen değişiklikleri konu edindi. Limbik sistem beyinde duygu, motivasyon gibi olaylardan sorumlu olan merkezleri içeren bir yapıdır. Sinir liflerinin oluşturduğu şebeke, limbik sistemin hormon salgılamasını düzenleyen bölgeleri ile karar verme ve öğrenmeden sorumlu bölgeleri arasındaki ilişkileri sağlar. Limbik sistem, nörotrasmiter olarak adrenalin ve noradrenalin yanında diğer nörotransmiterleri de kullanır. Adrenalin salıveren nöronlar yeni bulundu ve fonksiyonları hakkında bilgimiz de fazla değil. Ancak noradrenalin salıveren nöronlar hakkında bilgimiz biraz daha fazlaca. Popüler bir varsayıma göre mekanizma, bir alarm sistemi ve mevcut bir korkuya karşı vücudu uyarıyor. Bu varsayımı destekleyen bulgular var. Örneğin, stresin birçok çeşidi bu nöronları aktive ediyor ve aktive edilen bu nöronlar da daha fazla noradrenalin salıveriyorlar.

Günlük yaşamda fazlaca olduğu gibi, stresin tekrarlandığı durumlarda daha ileri değişiklikler meydana gelir. Nöronlar noradrenalin sentezlemek için daha fazla enzim üretirler. Böylece hücreler daha fazla nörotransmiter sentezleyip salıverirler. Bu tür değişiklikler, yani nörotransmiter üretiminin artırılabilmesi, sinir hücrelerinin adapte olabilen hücreler olduğunu gösterir ve stresle başa çıkabilmenin altında yatan nedenlerin bununla ilgisini açığa çıkarır.

Son zamanlarda araştırıcılar, stresin limbik sistemdeki nöronların iletişimini nasıl değiştirdiğini bulmaya çalışıyorlar. Nöronlar birbirlerine fiziksel olarak bağlanmazlar, nörotransmiter sayesinde bir sinir uyarımı bir nörondan diğer nörona geçer. Sinirler uyarıldığında nöronlar transmiterlerini aralarındaki sinapslara boşaltırlar. Zincirdeki komşu nöronun da uyarılabilmesi için nörotransmiterlerin bu nöron üzerinde protein yapısındaki reseptörlere bağlanması gerekir. Bunu daha kolay anlatabilmek için "anahtar ve kilit" örneğini verebiliriz. Burada nörotransmiter anahtar, reseptör de kilit görevi görmektedir. Her nörotransmiter kendine özgü bir reseptöre bağlanır. Her reseptör de üzerinde bulunduğu hücre içinde bir dizi özel reaksiyonların başlamasından sorumludur. Bazı reseptörler nöronal aktiviteyi kontrol ederken, diğer bazıları da nörotransmiter sentez ve salıverilmesini kontrol ederler.

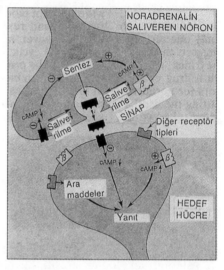

Noradrenalin için alfa ve beta adrenerjik reseptör adı verilen iki ana reseptör grubu vardır. Noradrenalin her iki grup reseptörü aktive eder, fakat çoğu farmakolojik ajan, yalnızca birini aktive edip, diğeri üzerine etki göstermez. Örneğin, alfaya uyup betaya uymayan "anahtar ilaçlar" vardır. Bunun tersi de geçerli; yani alfaya uymayıp da betaya uyan "anahtar ilaçlar" da vardır. Radyoaktif maddelerle işaretlenmiş ilaçlar bir doku üzerindeki noradrenalin reseptörlerinin sayılarını ve tiplerini bilmemizi sağlar. "Radioligant bağlama" adı verilen bu teknikle, stresle noradrenalin reseptörleri arasında önemli ilişkiler olduğu bulundu.

Bazı bilim adamlarına göre noradrenalin, stresin vücut üzerindeki istenmeyen etkilerinden sorumludur. Bu teoriyi destekleyici bir delil, hayvanlar üzerinde yapılan deneylerde, sinir hücrelerine elektriksel uyarılar verilince noradrenalin salıverilmesinin artmasıdır. Bu teoriye göre tekrarlayan stres ataklarından sonra görülen beta adrenerjik reseptörlerin sayısındaki azalma, vücudun stresin zararlı etkilerini yenmesine yardım ediyor.

Noradrenalin stresin kötü etkilerinden sorumluysa, noradrenalin salıverilmesini bloke ettiğimizde bu etkileri yok edebilmemiz gerekir. Bloke etmenin birçok yolu var. En basit olanı, 6-hidroksidopamin gibi beyne zerk edildiği zaman seçici olarak noradrenerjik sinir hücrelerini tahrip edebilen ajanlar kullanmak. Paris Ulusal Araştırma Enstitüsü ve Tıbbî Araştırma Merkezi'nden Philippe Soubrie, bu deneyi gerçekleştirdiğinde, hayvanların hâlâ stresten etkilenebilir olduğunu buldu. Başka çalışmalarda da noradrenalin beynin belli merkezlerine enjekte edildiği zaman, hayvanların stres semptomlarına karşı korundukları bulundu. Buna benzer bulgular noradrenalinin tek başına stresin kötü etkilerinden sorumlu olmadığını, bunun tam tersine stresi yenmek için fizyolojik bir cevap olduğunu ortaya koyuyor. Böylece noradrenalin salıverilmesinin, organizmaların strese karşı direnç ve dayanıklılıklarının temelini oluşturduğunu açığa çıkarıyor.

Antidepresif ilaçlar bile noradrenalin olmayan beyinlerde etkilerini gösteremiyorlar. Araştırmacılar noradrenalinin belli bir süre beyinden uzaklaştırılmasıyla antidepresif ilaçların beta adrenerjik reseptörlerin sayıca azalmalarının önlendiğini buldular. Son zamanlarda stres sonucu salıverilen noradrenalinin beta adrenerjik reseptörlerin sayısını düşürerek stres belirtilerini azalttığı görüşü kesinlik kazanmaya başladı. Şunu da belirtmek gerekir ki, beta adrenerjik reseptörlerin sayısını belirleyen ve bunları kontrol eden tek faktör noradrenalin değildir. Noradrenalinin yanında diğer bazı hormonlar da bu olaydan sorumludurlar. Bunlar arasında adrenalin ve noradrenalin gibi yine böbreküstü bezleri tarafından sentezlenip salgılanan glukokortikoid hormonlar başta gelir.

Yapılan araştırmalarda limbik sistemdeki diğer nörotransmiterlerin de beta adrenerjik reseptör sayısını etkiledikleri anlaşılıyor. Bunlardan iki tanesi 5-hidroksitriptamin (5-HT) ve gamaaminobuitrik asit (GABA), özellikle önemlidirler. 5-HT beyinden uzaklaştırıldığı zaman, antidepresif ilaçlar beta adrenerjik reseptörlerin sayılarını azaltmıyorlar. Bu durumda herhalde hücreleri noradrenaline daha az duyarlı hale getiriyorlar.

5-HT gibi GABA da adrenerjik reseptör sayısını etkileyebiliyor. GABA'nın etkilerini artıran ilaçların uzun süreden beri anksiyete tedavisindeki yeri biliniyor. Bu ilâçlar Valium ve Librium gibi ilaçları içeren ve benzodiazepin olarak bilinen ilaçlardır. Son zamanlarda GABA'yı bloke eden ve 'inverse agonist' olarak bilinen bazı benzodiazepinlerin beyinde beta adrenerjik reseptörlerin sayılarını artırdıkları bulundu. Bu ilaçları alan kimseler kendilerini huzursuz hissettikleri ve stresli kimselerde görülen bazı değişiklikleri olduğunu söylediler. Yani bu ilaçlar, stresi taklit ediyorlar.

Buna benzer çalışmalar, stresten dolayı nörotransmiter ve reseptörlerdeki değişikliklerin birbirleriyle ilişkili olduğunu düşündürüyor. Bir grup sinir hücresi üzerinde etkili olan bir ilaç beynin genelinde bir etkiye sahip olabiliyor. Bu da antianksiyetik ve antidepresif ilaçların anksiyete veya depresyonu azaltırken, noradrenalin, 5-HT veya GABA'nın her birini etkileyebileceklerini açıklıyor. Eğer durum gerçekten böyleyse, stres semptomlarından yalnızca bir nörotransmiter değil, daha çok nörotransmiter fonksiyonları arasındaki dengesizliğin sorumlu olduğu ortaya çıkıyor. Bütün bunları net olarak anlayabildiğimiz zaman ilk başta sorduğumuz "neden bazı insanların strese uyum sağlayıp da diğerlerinin sağlayamadığı" sorusunun cevabını alabileceğiz.

New Scientist 26 Ağustos 19894dan çev: Yüksel ÖZDEMİR

SORULAR

1. Günümüz toplumunun stres hastalığına yakalanmasına etkiyen sebepler nelerdir? Stresin beraberinde getirdiği rahatsızlıklar hakkında bilgi veriniz?

2. "Stresli davranışlar" nelerdir? Bu tür davranışlar göstermemize neden olan organik değişmeleri anlatınız?

3. Sizce neden bazı insanlar strese karşı daha dayanıklı oluyorlar? Bunu belirleyen organik sebepler var mı?

4. Stres tedavisinde kullanılan ilaçlar var mı? Bunlardan ne dereceye kadar başarı elde ediliyor?

5. Bildiğiniz stres tedavi merkezleri var mı? Bu merkezler hakkındaki düşünceleriniz nelerdir?

26 EYLÜL 2000'DE DÜNYAMIZA
BİR GÖK TAŞI MI ÇARPACAK?

Anny-Chantal Levasseur-Regourd

4 Ocak 1989'da Jean-Louis Heudier, Robert Chemin, Alain Maury ve Christian Pollas, Côte d'Azur gözlemevinin Caussols yaylasının üzerinde kurulmuş teleskoplarından biri sayesinde yeni bir asteroit keşfettiler. Yüzlerce

metrelik bir çapı olan bu cisim, Güneşin etrafında Dünyamızınkiyle kesişen bir düzlemde hareket etmekte ve aşağı yukarı dört yıl süren bir devre içinde düzenli biçimde Güneşe 98 milyon kilometre yaklaşarak sonra Güneşten 209 milyon kilometre kadar uzaklaşmaktadır. Dolayısıyla, adını Galyalıların Toutatis ilahından alan bu asteroidin Güneşten 150 milyon kilometre uzaklıkta hemen hemen daire biçiminde bir yörünge çizen Dünyamız ile çarpışması tehlikesi, gerçekten ciddiye alınmalıdır.

Böyle bir çarpışmanın hangi tarihte olacağını kesinlikle belirlemek güçtür; çünkü gök taşının yörüngesi hakkındaki bilgilerimiz halâ noksandır ve küçük boyuttaki gök cisminin çekimsel etkilemelere karşı çok duyarlı olduğunu unutmamak gerekir. Ancak Toutatis, önümüzdeki Ocak ve Şubat aylarında epey parlak olacak, 11. kadire (parlaklık derecesine) ulaşacak. 11. kadirde bir cisim, çıplak gözle en zor seçilen yıldızlardan bile 100 kat daha sönüktür; ama teleskoplar için oldukça kolay gözlenebilir bir parlaklıktadır. Bu durumda astronomlar, Toutatis'in yörüngesini ve fiziksel özelliklerini daha iyi anlayacaklar.

Nasıl ki, bir nehir yatağında taştan çok kum tanesi varsa, Güneş sisteminde de 100 metre 10 km büyüklükteki asteroit ve kuyrukluyıldızlardan çok boyları birkaç metreden birkaç mikrometreye kadar değişen küçük topak ve tozlar vardır. Bu uzay çakılları sık sık dünya atmosferine girer, atmosferin yoğun tabakalarında sürtünmeyle yanarlar. Bunların yer yüzüne düşen metal ya da taş biçimindeki kalıntılarına meteorit adını veriyoruz. Çoğu küçük olduğu için Dünyamıza zarar vermez. Yakın tarihte büyük bir gök taşının atmosferde patlamasından kaynaklanan bir felaket, Tunguska'daki patlamaydı. Bu patlama, 30 Haziran 1908 sabahında Orta Sibirya'da Yenissei nehrinin yakınlarında olmuştu. Patlamanın doğurduğu alev rüzgarı, 2000 kilometre karelik bir alanda tayga, bataklık ve turbalıkları kasıp kavurmuş, ayrıca yukarı atmosfere çok miktarda toz çıkmasına yol açmıştı. Gök taşının muhtemelen 100 metre kadar bir çapı olduğu ve stratosferi hızla geçerek yerden 6 ilâ 9 kilometrelik bir yükseklikte parçalanmış bulunduğu tahmin edilmiştir.

22 Mart 1989'da kafamıza başka bir gök taşının düşmesine ramak kalmıştı. O tarihte, "1989 FC" olarak adlandırılan tahmine 200-400 metre çapındaki bir asteroit, Dünyamızın 690 000 kilometre yakınından geçmişti. Bu, astronomi açısından bir yakın mesafe rekoru sayılmaktadır. Eğer Dünyamıza düşseydi, 5 ilâ 7 kilometre çapında bir krater açacağı ve etrafındaki alanı tahrip edeceği hesaplanmıştır. Belirttiğimiz yakınlık rekoru, 18 Ocak

78

1991'de Dünyamızın sadece 170 000 kilometre yakınından geçen "1991 BA" tarafından kırılmışsa da, bu gök cisminin çapı sadece 5 ilâ 10 metre kadardı.

Gözlenen Asteroitler Beş Bini Aştı

Güneşimizin etrafında sadece dokuz gezegen değil, kuyrukluyıldızlar ve asteroit dediğimiz küçük planetler de dolanmaktadır. Şimdiye kadar bine yakın kuyrukluyıldız tespit edilmiştir. Beş bini aşkın asteroit de gözlenmiş ve kayıtlara geçmiştir. Elbette sadece nispeten parlak ve dolayısıyla hayli büyük boyutlarda olan cisimler belirlenebilmektedir; halbuki seçilemeyecek kadar sönük binlerce, hatta milyonlarca küçük gök cismi bulunmaktadır. Gezegenlerin yörüngeleri hemen hemen daireseldir. Bazı kuyrukluyıldızların ve özellikle Mars ile Jüpiter arasındaki kuşakta bulunan birçok asteroidin yörüngeleri de oldukça daireseldir. Güneşin etrafında daha elips biçiminde yörüngelerde ve ekliptiğe yakın düzlemlerde dönen kuyrukluyıldızlarla asteroitler de vardır ve bunların yörüngeleri Dünyanın yörüngesiyle kesişebilir. Bunlar, bu kesişme noktalarından aynı zamanda geçerlerse, çarpışma ihtimali vardır.

Bugün yörüngesi dünyamızınki ile kesişen 100'den az kuyrukluyıldız biliyoruz. Ne var ki, gözlem araçlarındaki gelişmeler, her yıl yenilerinin bulunmasını sağlamaktadır. 1980'de yörüngesi Dünya ile kesişen 50 kadar asteroit bilinirken, günümüzde bu tür bilinen asteroitlerin sayısı da 200'e yaklaşmıştır.

Bize yakın kuyrukluyıldızların ve asteroitlerin sayısı devamlı olarak değişmektedir. Bunun sebebi, yakın yıldızlardaki ve dev gezegenlerdeki çekimsel dalgalanmalar dolayısıyla Güneş sistemimizin iç kuşağına yeni kuyrukluyıldızların salınmakta olmasıdır. Kuyrukluyıldızların buzdan, kayadan ya da tozlardan oluşan çekirdekleri, eliptik bir yörüngede Güneşin yakınından geçerken yavaş yavaş aşınmakta, parçalanmakta, hatta büsbütün yok olmaktadır. Bu tabakası yalıtıcı bir katman ile örtülmüş ya da buharlaşmış olan bir kuyrukluyıldız, bir asteroit ile karıştırılabilir. Nitekim bazı belirtilere bakarak Ikarus, Oljato ve Faeton gibi asteroitlerin aslında belki de ölü kuyrukluyıldızlar olduğu sanılmaktadır.

Tahmin edildiğine göre, Dünyaya düşmesi tehlikesi olan küçük gök cisimlerinden % 25'ini kuyrukluyıldızlar, %75'ini ise asteroitler oluşturmaktadır. Bunlardan 2000 kadarının çapının 1 kilometre ya da 1 kilometreden daha büyük; 200 000 kadarının çapının 100 metre ya da 100 metreden daha büyük olduğu hesaplanmıştır. Cisimlerin sayısı, çaplarının karesi ile ters orantılı olarak artmaktadır.

Yapılan risk hesapları, 10 metreyi aşkın bir kuyrukluyıldız ya da asteroit çekirdeğinin ortalama 50 yılda bir, 100 metreyi aşkın bir çekirdeğin ortalama 300 yılda bir, 1 kilometreyi aşkın bir çekirdeğin ise ortalama 500 000 yılda bir kere Dünyamıza erişebileceğini göstermiştir. Birinci halde (çapı 10 metreyi aşmışsa), yer yüzündekiler için bir ölüm tehlikesi yoktur. Cisim, yukarı atmosferde atom bombası patlaması ile karıştırılabilen bir patlamayla parçalanacaktır. İkinci halde (çapı 100 metreyi aşmışsa), Tunguska felaketinde görülen çapta bir yıkıma sebep olacaktır. Bu da, büyük bir başkent ve dış mahallerini içine alan bir alanı etkileyeceği anlamına gelir. Hasarın büyüklüğü, düşüş yerine bağlı olacaktır. Dünyamızın büyük bölümleri okyanuslar, ormanlar, çöller ve buzlarla kaplı olduğu için, aşırı bir korkuya kapılmamız gereksizdir.

Dünya Çapında Bir Felaket

Son durum (çapı 1 kilometreyi aşkın bir cismin yer yüzüne düşüşü), gerçekten korkunçtur; çünkü artık yerel bir afet değil çevre sistemlerinin bozulmasına, ürünlerin mahvına ve toplu ölümlere yol açan dünya çapında bir felaket söz konusu olacaktır. Eğer cismin çapı 10 kilometreden de fazlaysa, tam anlamıyla hayat türlerinin ve bildiğimiz dünyanın sonu gelecektir.

Anlattığımız bu riskler düşük görünse bile, gene de NASA'nın önderliği ile uluslararası uzmanlardan oluşan "Uzaydan Korunma Araştırmaları" komitesi kurulmuştur. Gözetilen birinci hedef, önce Dünyamıza yakın ve çapları 100 metre - 1 kilometreyi aşkın bütün kuyrukluyıldızlar ile asteroitlerin belirlenmesidir. İkinci hedef ise, bunların Dünyamıza çarpmasını önleyecek tedbirlerin alınmasıdır. Birinci hedefe, yani bir çarpmayı vaktinde haber almamızı sağlayacak 2 ilâ 3 metre çaplı üçü kuzey üçü güney yarımkürede bulunacak altı teleskoptan oluşan bir teleskop ağına ancak 20 yıl sonra erişebileceğimiz sanılıyor. İkinci hedefin gerçekleştirilmesi, yani Dünyamızı tehdit eden bir gök cismine onun yörüngesini değiştirebilecek bir uzay aracının yollanması, henüz bizim teknik gücümüzle mümkün olamamaktadır. 1993 Ocağında ABD'nin Arizona eyaletindeki Tucson şehrinde toplanması öngörülen uluslararası bir konferansta, gök cisimlerinin yer yüzüne çarpmasının etkisi ve bunların yollarından saptırılması konuları ele alınacaktır.

Görülüyor ki, asteroitler ve kuyrukluyıldızlar, hayatımızı ve medeniyetimizi tehdit eden afetlerden sayılmalıdır. İnsan türü ortaya çıkmadan önce, 4,6 milyar yıla yakın bir süre, oluşma halindeki gezegenler ve uydular, kuyrukluyıldızların ve asteroitlerin yoğun bombardımanına maruz kalmışlardır. Ay ya da Merkür yüzeyinde çok iyi görülebilen bu bombardıman izleri, volkanik ya da tektonik olaylar ve erozyon dolayısıyla yer yüzünden silinmiştir. Aya yapılmış olan seferler, bombardıman sıklığının Güneş sisteminin oluşumu sırasında bugünkünün 1 milyar katı olduğunu, daha sonra devamlı biçimde azalarak günümüzden 3,8 milyar yıl önce şimdikinin 100 katına kadar indiğini belirlememizi sağlamıştır. Bunlara bakarak, gezegenimizin toplamış olduğu kuyrukluyıldız kökenli gaz ve toz miktarını tahmin edebiliyoruz. Diğer yandan kuyrukluyıldızlara gönderilmiş olan Giotto ve Vesta uzay araçları, kuyrukluyıldız buzlarının % 80 oranında su buzundan oluştuğunu ve buzlarındaki hidrojende rastlanan döteryum oranının, dünya okyanuslarının suyundaki döteryum oranına benzer olduğunu ortaya çıkarmıştır. Uzay araştırmaları, kuyrukluyıldız tozlarının gözenekli silikatlardan ve karmaşık organik moleküllerden oluştuğunu da göstermiştir.

Bu bilgilere dayanan bazı bilim adamları, oluşumu sırasında çok ısınmış olan Dünyanın buharlaşıcı sıvılardan yoksun kaldığını ve hayat için gerekli su, karbon ve diğer elemanları ise kuyrukluyıldız patlamaları, asteroit çarpışları ve mikrometeoritlerin düşüşleri sayesinde giderek sağladığını ileri sürmüşlerdir. Böyle bir varsayım şimdilik ihtiyatla karşılanmalıdır; ama, hayatımızı tehdit etmekte olan gök taşı bombardımanının aynı zamanda hayatımızın kaynağı olduğu düşüncesi, gerçekten çok şaşkınlık vericidir.

Sciences et Avenir, Ekim 1992'den kısaltarak çev. : Dr. Ergin KORUR

SORULAR

1. Meteorit ne demektir? Dünyamıza zararları var mıdır? Niçin?
2. Asteroitlerin dünyamıza çarpma olasılığı ne gibi şartların gerçekleşmesiyle mümkün olabilir?
3. Bize yakın kuyrukluyıldız ve asteroitlerin sayısı niçin devamlı surette değişmektedir?
4. NASA'nın uzmanlarından oluşan "Uzaydan Korunma Araştırmaları" komitesinin amaçları nelerdir?
5. Sizce hayatımızı tehdit eden gök taşları aynı zamanda hayatımızın kaynağı olarak da kabul edilebilir mi?

SAĞLIK VE EGZERSİZ

Fehmi TUNCEL

Evrenin en büyük prensiplerinden biri de denge prensibidir. Eğer Dünya, Güneşe bugünkü mesafeden üç beş kilometre daha uzak olsaydı, hayat olmayan donmuş bir çöl gibi olacaktı. Fakat gezegenimiz, Güneşten ideal bir mesafede dengelenmiş olan bugünkü haliyle farklı canlı türlerinin gelişip yayılabildiği mükemmel bir konumdadır.

Dünya üzerindeki bütün maddelerin yapı taşları olan atomlar da, bu mükemmel denge için bir başka örnektirler. Atom çekirdeği, nötron ve protondan oluşan son derece harmonik bir yapıdır. Ancak, bu atomlardan birinin parçalanması ile yerleri sarsan nükleer güç ortaya çıkar. Dünyamızın her parçası, ne kadar küçük olursa olsun, fonksiyonlarını yerine getirebilmek için tam bir denge içinde olmalıdır(2).

Aynı prensip vücudumuz için de geçerlidir. İnsan vücudu, evrende tam bir denge içinde olması gereken parçalardan yalnızca biridir. Vücudumuz öylesine bir yapıya sahiptir ki, belli bir miktarda, ne az ne de çok, egzersize ihtiyacımız vardır. Aynı şekilde belli yiyecek gruplarından, belli miktarda almamız gerekir. Günlük hayatın stres ve gerilimlerinden kurtulmak için de, belli miktarda uykuya ihtiyacımız vardır.

Bu ihtiyaçlarımıza cevap verememe veya bunları fazla almamız durumlarında (aşırı ya da yetersiz beslenme, bir sporcunun surantrene olması gibi), fiziksel ve psikolojik dengemiz bozulacaktır. Bu ise sağlığımızı kaybetmemiz demektir. Dünya Sağlık Örgütü, sağlığı şu şekilde tarif etmektedir: "Mental (aklî-psikolojik), fiziksel ve sosyal iyi olma hali." Şu halde bu üç unsurdan birinin ortadan kalkması ya da aralarında uyumlu olmamaları, sağlığın kaybını getirecektir.

Bunun tersi durumunda, nerede denge varsa, orada sağlıktan söz edebiliriz. "Amerika'yı koşturan adam" olarak bilinen Dr. Kenneth H. Cooper (2), "Nerede mükemmel bir denge varsa, orada tam bir iyi olma hali, tam bir sağlık vardır" demektedir.

Bu noktada günümüz yaşam tarzına bir göz atalım. İlkel çağlarda hayatta kalabilmek için, koşmak, sıçramak, atmak gibi fiziksel aktiviteleri sürekli yapmak durumunda olan insanoğlu, buluşları ile yaşamını kolaylaştırmış ve çevresini eskiye oranla daha iyi kontrol edebilir duruma gelmiştir. Bunun bir sonucu olarak, fiziksel aktivite büyük oranda azalmıştır. Kas gücü ile yapılan işler yerini mekanik güce makinelere bırakmıştır. Ancak, fiziksel aktivitelerin azalması ile beraber ortaya hipokinetik (yetersiz hareketle ilgili) hastalıklar çıkmıştır. Bunlar, özellikle gelişmiş ülkelerde daha yaygın olan, kalp-damar hastalığı, aşırı şişmanlık, yüksek tansiyon, psikolojik rahatsızlıklar, sık görülen baş ağrıları (stres, aşırı koşturma ve hareketsizlikle bağlantılı), sinirlilik, bel ağrıları, kas krampları gibi problemlerdir.

Yüzyıl önce çok basit sebeplerden (enfeksiyon gibi) ölebilen insanoğlu, bugün tıbbi teknolojideki gelişmelerle birçok hastalığı kontrol edebilir duruma gelmiş ve insanın ortalama yaşam süresi eskiye oranla artmıştır. Ancak, bu kez de, biraz önce bahsettiğimiz gibi, stres ve yetersiz aktiviteye bağlanabilen hastalıklar yaygınlaşmıştır.

Dengeli bir biçimde yaşayabilmek, sağlıklı olabilmek için düzenli egzersiz yapmamız şarttır. Çünkü düzenli egzersizin, sağlığı oluşturan unsurlara olan olumlu katkıları birçok araştırma ile ortaya konmuştur. Bunları, yani egzersizin sağlığa olan katkılarını incelemeden önce, "egzersiz" in en olduğunu açıklamak yerinde olacaktır. Egzersiz, insanın fiziksel kapasitesinin sınırları içinde kalıp, kendini zorlamadan ve spor gibi herhangi bir kurala uymadan yapılan aktivitedir. Örneğin, hayatı boyunca hiç egzersiz yapmamış kişi, 5 dakika süre ile yavaş yürür, hafif koşar ya da bisiklete binerse, bu kişi

egzersiz yapmış olacaktır. Bu aktiviteyi haftada en az 2-3 kez yapmak ise düzenli egzersiz sayılacaktır. Ancak, ideal olan, en az 15-20 dakika süre ile, haftada en az 3-4 kez egzersiz yapmaktır. Özellikle yeni başlayan yetişkin kişilerde, şiddeti ayarlamanın en iyi yolu, egzersiz sırasında nefes alıp-vermede güçlük çekilmesine, bir başka deyimle nefes-nefese kalmamaya özen göstermektir. Egzersizin yapılmasında göz önüne alınması gereken kuralları bir başka yazımıza bırakarak, bu yazımızda egzersiz yapmanın gerekliliğini vurgulamaya çalışalım. Bunun en iyi yolu da düzenli egzersizin insan vücuduna olan yararlarını sıralamak olacaktır:

Düzenli egzersiz yapan kişilerin geniş ve temiz damarlara sahip olma eğilimleri fazladır. Bu da kan damarlarının tıkanmasını, dolayısıyla bir kalp hastalığını önleyici etki yapar (1). Aktif insanlarda kalp kası kuvvetlenir ve daha fazla kanı vücuda pompalar (3). Bu ise tansiyonu yüksek kişilerin tansiyonlarının düşmesine yol açar ve dinlenme halindeki nabız düşük olur.

Düzenli egzersiz, vücut ağırlığını kontrolde esastır. Eğer bir kişinin fazla ya da aşırı kilo problemi varsa, yalnızca diyette yapılan değişiklik yetersiz ve sağlıksız olacaktır. Egzersiz kalorileri yakmamıza yol açacağı için, vücuttan su ve kas kaybı yerine yağ kaybını kolaylaştıracaktır.

Düzenli egzersiz ve fiziksel aktivite, kas ve eklemler ile vücudu bir arada tutmaya yardım eden kas tendonları ve eklem bağları gibi yapıları kuvetlendirecektir. Uyluk ve bel kısmında esnekliği sağlamak ve karın-sırt kaslarını kuvvetlendirmek, birçok kişini şikayet ettiği bel ağrılarının önlenmesini sağlayacaktır (1).

84

Düzenli yapılan egzersiz, kan şekerinin düzenlenmesini sağlayarak şeker hastalığını önleyici etkide bulunacaktır. Ayrıca, karaciğere olan etkileri "iyi kolesterol" diye adlandırabileceğimiz kolesterol seviyesini yükseltecektir (3).

Kas kütlesinin kaybını önlemede etkili olan fiziksel aktivite ya da egzersiz, bunun sonucu olarak, yaşlanma ile ortaya çıkan metabolizmadaki düşüşü ve kilo kaybını önlemede etkili olacaktır.

Yürüme ve hafif koşma (jogging) gibi, vücut ağırlığı taşınarak yapılan ve kemiklere yük bindiren egzersizler, yaşlanma ile ortaya çıkan kemiklerdeki mineral kaybını önler.

Düzenli egzersiz yapan insan kendini iyi ve enerjik hisseder. Uyku daha düzenlidir ve sabah kalkıldığında insan daha dinçtir. İnsanın normal duruşu (postür) fiziksel aktivite ile gelişir. Günlük stres ve gerilimlere karşı dayanıklılık artar. Ayrıca, sakatlıklar ve hastalıklara karşı direnç de artar.

SORULAR

1. "Vücut dengesi" sözünden ne anlıyorsunuz?
2. Sağlık ne demektir? Bir insanın sağlıklı sayılabilmesi için ne tür özelliklere sahip olması gerekmektedir?
3. Denge ve ve sağlık arasındaki ilişkiyi açıklayınız?
4. Günümüz teknolojisi sayesinde azalan fiziksel aktivitenin zararları nelerdir? Ne tür hastalıklara yol açmaktadır?
5. "Egzersiz" ne demektir? Vücuda yararları hakkında bildikleriniz nelerdir?

HAYAT ELDEN KAÇARKEN

500 yıllık bir ağacın dev kökleri arasında, bütün yaşam çevrimleri bir kaç güne sığan sayısız küçük böcek vardır. Binlerce kuşak böceğe karşı tek bir kuşak ağaç ve bu aşırı uçlarda var olan çok büyük bir ömür süresi farkı. Ömür ortalamalarını hangi etkenlerin belirlediği ve bunların nasıl kontrol altına alınabileceği, ilginç sorular ortaya koyan hararetli bilimsel tartışmalara yol açan bir konu. Söz gelimi, bilinen tüm yaşam biçimleri niçin yaşlanıp, ölmek zorunda? Yoksa, evrimsel sürecini güvene almak için yaşlanma sürecini başlatan gizli bir genetik yasası mı var? Ve eğer bu yasa bulunursa, yaşlanma sürecini yavaşlatmak için üzerinde genetik açıdan çalışmalar yapılmaz mı? Ölümsüzlük rüyası yakındı gerçekleşecek mi? Sonra, ölümsüzlerle dolu bir dünya. Hayaller ülkesi gibi mi olurdu, yoksa yaşayan bir karabasan mı?

İki tip protein, **elastin** ve **kolajen**, yaşlanma sürecinde yaşamsal öğelerdir. Kolajen tek başına vücuttaki proteinin üçte birini oluşturup, kirişlerin, derinin ve kemiğin oluşum maddesi olarak dik ve esnek olmamızı sağlar. Ancak, zamanla ve yaşlanmayla azalır, daha az eriyebilir duruma gelir ve içinde bulunduğu organizma da gittikçe sertleşir.

Öte yandan, neyse ki, farelerde yapılan deneylerin göstermiş olduğu gibi, bu süreç kalori alımının düşürülmesiyle yavaşlatılabilmektedir. Deney sonucunda düşük kaloriyle beslenenlerin, yüksek kaloriyle beslenenlerden daha genç kaldıkları gözlenmiştir. Ancak yaşlanmanın asıl ipucu vücut hücrelerinin kendi doğalarında yatıyor olabilir.

Vücut hücreleri iki kategoride toplanırlar: yenilenebilir ve yenilenemez. Yenilenebilir bir hücrenin ömür ortalaması bir, iki gün ile yıllar arasında değişebilir. Bazı hücrelerin kısa ömürlü bir organizmanın yaşamında bile yüzlerce kez yenilenmeleri gerekebilir. Bunun yanında, sinir hücreleri gibi yenilenemez hücreler bireysel yaşamlarının sonuna geldiklerinde, artık var olmayı sürdüremezler. O halde, bir organizmanın ömür ortalamasını arttırabilmesi için, bir yolunu bulup yenilenemez hücrelerin ölmesini engellemesi gerekmektedir. Bu, yaş ilerledikçe azalan bir yetenektir.

Ölümsüz gençlik ve daha uzun yaşam süreleri için yapılan araştırmada, bölünen hücrelerin pratik olarak ölümsüz oldukları kabul edilmiştir. Söz gelimi kanser hücreleri vücut dışında 30 yıl kadar canlı tutulabilmiştir. Kolajeni oluşturan ve besleyen hücreler olan fibroblastların bölünenleri ile yapılan deneylerde elli keze kadar bölünme gerçekleştirilmiştir. Bu da, en az bir o kadar kuşak demektir. Kimi zaman görülen değişimler sonucu "büyümesınırlayıcı" etken denilen şey bütün bütün yitirilebilir. Bu demektir ki sözde bir alt bölünen sonsuza kadar büyüyebilir. Bu kadar insan hücreleriyle yapılan deneylerde çok ender biçimde görülmüştür, ancak en az düzeyde bile olmuş olması, yaşlanmanın önemli ölçüde yavaşlatılabileceği yönünde büyük umutlar veriyor.

E Vitamini

Yaşlanma sürecinin nedenini açıklayabilecek yalnızca tek bir etken olmadığı gibi, ömür ortalamasını yükseltmenin basit bir yolu yoktur. Öte yandan, bu konuda pek çok şey öne sürülüyor. E vitamini, bir hayat verici olarak bilimsel çekiciliği olmasa da, oldukça yaygınlık kazanmış durumda. Doğal halinde, buğday tohumu ya da buğday tohumu yağı içinde alındığında yaşlanmaya karşı bir tonik olarak görülüyor.

Soruna daha bilimsel bir yaklaşım, **progeria** denilen ender ve trajik bir çocukluk hastalığı çevresinde odaklanıyor. Bu hastalığa yakalanan çocuklar şaşırtıcı erken yaşlanma işaretleri gösteriyorlar ve bütün büyüme üç yaşında duruyor. Progeria kurbanlarının kalp, ciğer, böbrek ve beyinlerinde **lipofuksin** denilen, büyük miktarlarda renk maddesi bulunduğu görüldü. Kısa bir süre sonra, yaşlı insanların hücrelerinde de bulunduğu anlaşılan bu maddenin vücuttan atılmasını sağlayan **meclofenoxate** adlı ilaç geliştirildi. Bu ilacın ölümsüzlük için ileri bir adım olup olmadığı henüz kesinlik kazanmış değil, ancak kuşkusuz, yaşlanan hücrelerde enerji yaratıcı süreçleri ve başka hayati kimyasal tepkimeleri harekete geçirebilecek gibi görünüyor.

"Programlanmış Yaşlanma"

Bir başka kuram, kişinin yaşamı süresince açılıp kapanan "sabit" genlerin varlığının kas dayanımının düşmesi gibi yaşlanma belirtilerine neden olduğunu ileri süren "programlanmış yaşlanma" kuramıdır. Farelerle yapılan bir deneyde verilen sinir hücrelerinin kas geriliminde bir gelişmeye neden olduğu ve kas hareketleri için gerekli bir maddenin azalışını yavaşlattığı gözlendi. Buradan çıkarsanan şey ise, fare kaslarına yapılanın benzeri bir yolla insan kaslarındaki yaşlanmanın durdurulabileceği yönünde.

Üreme

İnsan dışındaki türlerin bazıları arasında ömür ortalaması üreme ile birbirine bağlanabilir. Yaşamlarının sonunda ya da sonuna yakın bir zamanda tek bir kez üreyen bu yaratıkların yaşam süreleri enzimsel süreçler tarafından kontrol edilmektedir. Seçici geliştirme teknikleri kullanan deneyler bu süreçleri değiştirebiliyor. Bu da heyecan verici bir anlam taşıyor. Yaşam süreleribir dereceye kadar- önceden belirlenebilir.

Cinsel olgunluk süresince defalarca üreyebilen türlerde ömür ortalaması böyle kimyasal olarak programlanıyor, ama bir dizi başka etken sözkonusu vücut ağırlığı, beyin ağırlığı ve metabolik orantı. Bu etkenler ömür ortalamasını hesaplamak üzere bir matematik formülde kullanılabilecek ölçüde anlamlıdırlar. Yaşam süresi eşittir, hayvanın beyin ağırlığı bölü vücut ve metabolik oranı, demek işi fazla basitleştirmek olacaktır, ancak bağlanılan ilke budur ve gerçekten de yaşam sürelerinin belirlenmesinde beyin ağırlığının çok önemli bir etken olduğunu göstermektedir. Eşitlikten kolayca görülecektir ki, memeliler, eğer beyin ağırlıkları vücut ağırlıklarına görece yüksekse, daha uzun yaşarlar.

Gizem

Yaşam uzunluğu metabolizma hızlandıkça kısalır. Büyük hayvanlar uzun yaşama yatkındırlar, çünkü metabolizma hızları görece yavaştır. Kuşlar da aynı kurallarla yönetilmektedirler, ancak kuşlar daha yüksek vücut ısılarına ve daha hızlı metabolizmalarına rağmen, aynı vücut ağırlığındaki memelilerden daha uzun yaşarlar. Bunun nedeni ömür ortalaması konusundaki gizemlerden biri olarak kalmakta. Sürüngenlerin aynı vücut ağırlığındaki memelilerden daha uzun yaşamaları pek o kadar gizemli değil, sürüngenler kural olarak daha yavaş adımlarla yaşarlar ve daha az yaşam enerjisi harcarlar.

Hayvanın beyin ağırlığı ne kadar büyük olursa üreteceği enerji de o kadar fazla olacaktır. Bir kedi ya da köpeğin bir ömür boyunca, dokunun gramı başına 400 000 kalorilik bir enerji çıktısı vardır. İnsanın çıktısı ise 1 200 000 kaloridir. Öte yandan, beyin ağırlığı etkeni öylesine önemlidir ki, yüksek enerji çıktısına rağmen insan evcil hayvanlardan daha uzun yaşar.

SORULAR

1. Yaşlanma süreciyle direk bağıntılı olan yaşamsal öğeler ve görevleri nelerdir?

2. Vücut hücreleri ile yaşlanma arasında bir bağlantı var mıdır? Varsa bu nasıl açıklanabilir?

3. E vitamininin özellikleri nelerdir?

4. Erken yaşlanmayı vücutta oluşturan madde nedir? Bu maddenin panzehiri geliştirilmiş midir?

5. İnsanın yaşam uzunluğu neye bağlıdır?

6. Ölümsüzlerle dolu bir dünya sizce nasıl olurdu? Siz böyle bir dünyada yaşamak ister miyidiniz?

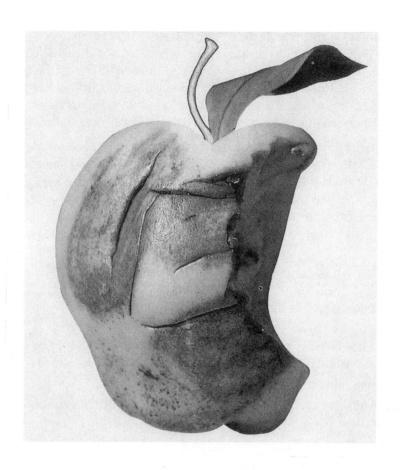

ELMA KESİLİNCE NEDEN KARARIR?

Gülgün AKBABA

Meyve ve sebzelerde, kesme, kabuk soyma, dilimleme ya da zedelenme gibi işlemler sonucu bazı renk değişimleri ortaya çıkmaktadır. Enzimatik yolla esmerleşme olarak bilinen bu reaksiyonlarda rol oynayan enzimler değişik isimlerle anılırsa da tümüne birden "polifenol oksidaz enzimleri" adı verilmektedir. Pembeden mavimsi siyaha kadar olan farklı tonlardaki bu renk değişimleri, kısaca polifenollerin polifenol, oksidaz enzimleri tarafından oksidasyonu şeklinde tanımlanır. Bu olaylar sırasında ortamda oksijen bulunması şarttır.

Dilimlenmiş meyve ve sebzeler suya atılırsa esmerleşme durmakta, ancak sudan çıkarıldıklarında olay devam etmektedir. Esmerleşme olayının durmasının nedeni oksijen ile ilişkisinin kesilmesidir. Bu nedenle meyve sebze işlemede kabuk soyma, dilimleme gibi işlemlerden sonra meyve sebzeler tuz veya sitrik asit (limon tuzu) içeren suya atılır. Özellikle püreler üzerine askorbik asit (C vitamini) serpilmektedir. Bunun nedeni, askorbik asitin püre üzerindeki oksijeni kullanması ve esmerleşme olayını böylece önlemesidir.

Bütün enzimlerin ortak özelliği 75°C sıcaklığın üzerinde kısa sürede inaktif (etkisiz) hale gelmeleridir. Meyve ve sebzeler haşlandıklarında enzimlerin faaliyeti durur ve enzimatik esmerleşme dediğimiz bu olay görülmez. Ayrıca engelleyici maddelerin ve şekerin de enzimatik esmerleşmeye etkileri vardır.

Turunçgillerde okside olabilir nitelikte fenolik maddeler ve fenoloksidaz enzimi bulunmadığından, bu meyve ve ürünlerin de enzimatik renk esmerleşmesi görülmemektedir.

KONSERVE YUMURTA

Gıdaları dayandırma ve muhafaza etmenin amacı doğal veya işlenmiş bitkisel, hayvansal gıdaların dayanaklılığının ve tüketilebilirliğinin olabildiğince korunarak uzatılmasıdır.

Bir gıda maddesi doğal veya işlenmiş olsun eğer dayandırma yöntemi uygulanmamışsa mikroorganizmalar tarafından bozulmaya uğramakta ve mikroorganizma faaliyeti ilerledikçe gıdanın besin değeri azalmakta ve birtakım özellikleri olumsuz yönde etkilenmektedir. Gıdalarda değişime yol açan etmenler mikroorganizmalardan başka hava, su, ışık, biyolojik katalizörler, anorganik katalizörlerdir.

Gıdalarda çeşitli yollarla meydana gelen bu bozulmaları önlemenin en kesin yolu gıdayı taze olarak tüketmektir. Ancak çoğu gıda maddesi üreticiden tüketiciye ulaşıncaya kadar tazeliğini yitirebilmektedir, bu nedenle gıdaları dayanaklı hale getirmek için çeşitli dayandırma ve muhafaza yolları uygulanmaktadır. Örneğin tüketmekte olduğumuz yumurtaları konserve edici sıvıya daldılarak nasıl dayanaklı hale getirildiğini açıklayalım.

Bildiğimiz gibi taze yumurta mikroorganizma içermez. Eğer yumurta kabuğunun geçirgenliği önlenirse, daha sonra meydana gelebilecek enfeksiyonlara karşı dayanıklılığı da artar. Yumurtanın dayanıklılığını artırmak için kireçli su veya sodyum silikatlı, potasyum silikatlı su kullanılır. Kireçli su, % 15-2.5 sönmüş kireç ve %0.1 mutfak tuzu karışımıdır. Sodyum ve potasyum silikatlar ise %33-35 konsantrasyonda satılmakta ve kullanım için su ile 10 misli seyretilmektedir.

Kireçli suya daldırılıp çıkartılan yumurtanın yüzeyi, havanın etkisi ile kalsiyum karbonatla kaplanmakta ve kabuktaki gözenekler bu yolla kapatılmaktadır. Ancak kabuğu pürüzlü hale gelen, kireçli suya daldırılmış bu yumurtanın tadında bozukluklar oluşmakta ve yumurta akının çarpılma yeteneği azalmaktadır (Bilindiği gibi yumurta akının fazla köpürme yeteneği vardır. Taze bir yumurta akı çalkanladığı zaman hacminin yaklaşık yedi katı kadar büyür ve bu durumu uzun süre korur).

Silikatlı suya daldırılmış olan yumurta akının, çarpılma yeteneğinde bir azalma olmamakta, ancak pişirme sırasında kabuk kolayca çatlamaktadır. Bunun nedeni ise gözeneklerin tamamiyle kapanmış olmasıdır.

SORULAR

1. "Polifinol oksidaz enzimleri" ne demektir? Bunun oluşması için ne gibi şartlar gerekir?
2. Enzimatik esmerleşmeyi önlemek için ne gibi yöntemler kullanılabilir?
3. Gıda bozulmasının nedenleri nelerdir? Önlemek için ne gibi tedbirler alınmalıdır?
4. Gıdaları dayanıklı hale getirmenin amacı nedir?
5. Enzimatik renk esmerleşmesi hangi tür ürünlerde görülmektedir? Niçin?

ALKOLİZMİ ÖNLEYEN
PROTEİN

Amerikalı biyolog Roger Maickel'e göre, farelerde alkol isteğini söndüren bir protein, insanlarda alkolizme karşı bir ilaç olarak kullanılabilecek. Adrenocarticotrophic (ACTH) hormonun bir bölümü olan protein, hiçbir yan etki yapmadan, farelerde alkol isteğini bloke ediyor.

West Lafeyette (İndiana)'deki Purdue Üniversitesi'nde farmakolojist Roger Maickel, ACTH ile yıllarca çalıştı. Maickel'in, öğrencisi Suchitra Krishnan ile yaptığı en son çalışmasında, farelere içecek olarak iki seçenek sundu: sakkarinle tatlandırılmış su veya % 10'luk alkol eklenmiş sakkarinli su. Farelerin hoşlanmadığı alkol tadı şekerle gizlenmiştir.

Araştırmacılar, insanların içme eğilimleriyle benzer ilişkili olarak, farelerin de değişik yollarda ve şekillerde içme alışkanlıkları kazandıklarını keşfettiler. Bunların yaptıkları deneylerde fareler hemen 4 grupta ayrıldı:

a) Asla içki içmeyenler.

b) Belirli zaman aralıklarıyla içmeyenler, ara sıra içenler; yani sosyal içiciler.

c) Önce içki içmedikleri hade zamanla içki içmeye başlayıp, içtikleri içki miktarını her gün artırarak yüksek bir seviyeye ulaştıran ve orada kalanlar.

d) Alkolik doğanlar; daha önce ilk günden müthiş derecede fazla içki alanlar.

Araştırmacılar fareleri ya aralıklı hareketsiz tutarak ya da çelik, küçücük kafeslerde hapsederek, strese maruz bıraktılar. Bu stres periyodunun daha 4. gününde, hiç içki içmeyen fareler bile düzenli olarak alkol almaya başladılar. Araştırmacılar bunun sebebini ACTH hormonuna bağlıyorlar.

Adrenal korteksin hücre membranının bütünlüğünü, immün cevabı ve birçok diğer fonksiyonu düzenleyen bir dizi molekül salgılaması için, hipofiz bezi normalde, az miktarlarda ACTH salgılar. "Fakat, stres altında bırakılmalarına veya alkol içmelerine rağmen de sonuç aynı" diyor, Krishnan ve ekliyor, "Hatta üretilen ACTH miktarı artıyor. Biz de daha önce az içki içen veya hiç içki içmeyen fareler olmalarına rağmen, stres kalktıktan sonra, farelerdeki içki içme isteğinin, bu hormondan bir fragmentin sorumlu olduğunu düşündük."

Maickel bundan sonra, ACTH'ın birçok fragmentinin biyolojik aktivitelerini test etti ve 4 - 10 arası amino asitlerin en güçlü segment olduklarını buldu. Konuyla ilgili olarak Maickel şunları söylüyor. "4 - 10 segmentinden küçük bir dozu bu farelere enjekte ettiğimizde herhangi bir yan etki göstermeden alkol isteğinin söndüğünü gözledik. Eğer, farelerin alkol almasını istemezsek, 4-10a.a. segmentini şırınga ediyoruz. Bu tamamen alkol isteğini kesiyor."

Bundan sonraki adım olarak, bir antialkolizm ilacının geliştirileceğinden emin olan Maickel, ondan önce de sindimle hemen parçalanan bu hormon için, uygun bir koruma metodu bulunması gerektiğine inanıyor.

New Scientist'ten çev.: Nurullah OKUMUŞ

SORULAR
1. Alkolizm nedir? Belli başlı sebepleri nelerdir?
2. Kimlere "alkolik" denir? Alkolizm'in tedavisi mümkün müdür?
3. ACTH testi fareler üzerinde ne gibi aşamalardan geçilerek yapılıyor?
4. İnsanlar, içme alışkanlığı kazanma bakımından kaç gruba ayrılırlar?
5. Alkol'ün toplum ve ülke kalkınması açısından değerlendirmesini yapan bir kompozisyon yazınız.

TÜRK - İSLAM MEDENİYETİNDE ASTRONOMİ ÇALIŞMALARI
MS 8.-16. Yüzyıllar

Osman DEMİRCAN

Müslümanlığın ilk yayılıp geliştiği Arap toplumlarının astronomiye ilgisini artıran birkaç özel neden vardır. Öncelikle bu toplumlar sıcak ve kurak bir iklimde yaşadıkları için çok sıcak olan gündüzleri dinlenirler ve günlük işlerini açık havada pırıl pırıl yıldızların altında geceleri yaparlardı. Şehir ışıkları da o zaman bugünkü gibi olmadığı için geceleri gökyüzü daha karanlık, yıldızlar daha yakındaymış gibi ve daha parlak görünürdü. Yıldızlarla başbaşa geçirilen uzun gecelerde ister istemez astronomiye ilgi artar ve en azından yıldızlar tek tek tanınır, onların gecelik ve mevsimlik hareketleri izlenirdi. Diğer taraftan bu toplumlarda insanların çoğu Uzak Doğuyla Orta Doğu ve Mısır arasında kervanlarla ticaret yaparlar, daha çok gündüzleri vahalarda konaklayıp geceleri yıldızlar yardımıyla yön bulup yol alırlardı. Yıldızları tanımadan, onların hareketlerini bilmeden bu tür uzun yolculuklar o zaman mümkün değildi. Ticaret yapan bu kavimler Uzak Doğu'nun, Mısırlıların ve Romalıların zengin kültürlerinden yararlanma olanağına sahiptiler. O zaman Uzak Doğu ülkeleri Romalılar ve Mısırlılar oldukça ileri düzeyde astronomi bilgisine sahipti. Romalılar, Eski Yunanlıların mirasçıları olarak onların zengin kültürüne de sahip çıkmışlardı. Eski Yunanlılarsa ticari ilişkiler sonucu Babillilerin yaptığı astronomik gözlemlerden yararlanarak evren modelleri oluşturmuşlar ve astronomi konusunda çok sayıda yazılı belge bırakmışlardı. Astronomi öğrenme durumunda olan İslam toplumları bir yandan kendi astronomik gözlemlerini yürütürken bir yandan da kültür alış verişi sonucu Eski Yunanlıların astronomi konusundaki eserlerini Latinceden Arapçaya çevirmeye başladılar. Bu eserlerden elde ettikleri bilgileri kendi gözlemlerini yorumlamada kullanıyorlardı. Babilliler Ay, Güneş, beş parlak gezegen (Merkür, Venüs, Mars, Jüpiter ve Satürn) ve yıldızları iyi tanıyorlar ve görünür hareketlerini iyi biliyorlardı. Hatta bu duyarlı gözlemlerin sonunda Ay ve Güneş tutulmalarını önceden haber verebiliyorlardı. Eski Yunanlılar bu gözlemleri, küresel yapılı durağan Dünyanın merkezde olduğu iç içe küreler modeliyle açıklıyorlardı. Bu inanışa göre her küre Ay, Güneş veya gezegenlerden birini taşıyordu. O zaman bilinen beş gezegen, Ay ve Güneş sihirli 7 sayısını oluşturuyordu. Dünya o zaman gezegen sayılmıyor ve ona her bakımdan büyük bir ayrıcalık tanınıyordu. Dünyanın etrafında 7 gök cismine ilişkin 7 görünmeyen kristal küre, evreni 7 kata ayırıyordu. Tek tanrılı dinlerin kutsal kitaplarında sık sık sözü edilen 7 katlı gök kavramı buradan gelmektedir. Haftanın 7 gün olması da aynı kaynaklıdır. Ayrıca yedi müzik notasının kaynağı da 7 katlı evren modeliyle ilgilidir. O zamanki inanışa göre 7 gök cismini taşıyan 7 büyük iç içe görünmez küre kristal camdan yapılmış olmalıydı ve inanışa göre dönerlerken çıkardıkları ses, günahlarından arınmış, tanrının iyi kulları tarafından duyulabiliyordu. Eski Yunanda bu sesleri taklit etme sonucu yedi temel müzik notası ve ikincil kürelerin sesleriyle de bemoller ve diyezler ortaya çıkıyordu. Dünyanın etrafında var olduğuna inanılan kürelerden en dışta olanı yıldızlara aitti ve gezegenlerin görünür geri hareketleri, "epicyle" denen ikincil küreler üzerinde hareket etmeleri şeklinde açıklanıyordu. Mistik bir düşüncenin etkisiyle ayrıcalıklı olduğuna inanılan Dünyanın, Güneş etrafında yörünge hareketi yapmış olabileceği düşünülse bile kabul edilemiyordu. O zamanki görüşlere göre ayrıcalıklı Dünya'nın güneş etrafında hareket etmiş olması mümkün değildi. Aristarchus (MÖ 310-230) Güneş merkezli doğru modeli kurduğu halde bu model kabul görmemiş ve daha çok Aristo (MÖ 384-322)'nun etkisiyle "epicyle" kuramı tüm Eski Yunan döneminde hatta daha sonra da yüzyıllar boyunca hiç tartışmasız kabul edilmiştir. Yüzyıllar boyunca yapılan daha duyarlı gözlemleri açıklayabilmek için kurama yeni "epicyle" lar eklenmiştir. İlk kez Eudoxus (MÖ 408-355) tarafından geliştirilen "epicyle" modelinde 27 ikincil küre öngörülmüşken, beş yüzyıl sonra Arapların Batlamyus dediği Ptolemy (MS 100-170)'nin düzelttiği modelde öngörülen ikincil küre sayısı 80'e ulaşmıştı. Ptolemy, dönemin tüm astronomi bilgisini Almagest adlı 13 ciltlik bir kitapta toplamıştır. Hipparchus (MS 190-125)'un yıldız kataloğunu da kapsayan bu kitap, astronomi alanında yüzyıllarca temel bir kaynak kitap olarak kullanılmıştır. Milattan sonra birkaç yüzyıl içinde Hristiyanlığın hızla yayılması ve daha sonra da Roma İmparatorluğunun çökmesiyle Avrupa'da bilime verilen önem hemen hemen tamamen ortadan kalkmış ve Avrupa karanlık bir döneme girmiştir.

Yukarıda açıkladığımız nedenlerle astronomi öğrenme durumunda olan Araplar bir yandan uzun kervan yolculuklarında gökyüzünü incelerken bir yandan da kültür alış verişi sonucu Uzak Doğu ve Batı kaynaklarından çeviriler yaparak onların astronomi bilgisine sahip oluyordu. Daha çok geceleri sürdürülen yaşam etkinlikleri Ay ışığına göre programlanıyordu. Bu nedenle Arap toplumlarında Ay takvimi kullanılmıştır. MS 7. yüzyılda gelindiğinde astronomi öğrenimi gerektiren bir başka neden ortaya çıkmıştı. Bu yüzyılda müslümanlığın hızla yayılmaya başlamasıyla beraber dini günlerin, dini bayramların, namaz zamanlarının, Ramazan ayının başlangıç ve bitiminin önceden belirlenmesi ve Kabe yönünün bulunması sorun olmaya başlamıştı. O zaman bazı medreselerde üzerinde durulan astronomi konuları, (1) coğrafi astronomi, (2) Güneş, Ay, gezegenler ve yıldızların görünür hareketlerini inceleyen konum astronomisi (ilm'ül-eflak), (3) astroloji (ilm-i ahkam-ı nücüm) ve (4) zaman hesapları (ilmü'l-mukat) idi. Doğal olarak zaman hesapları ve coğrafi astronomi o dönemler için çok önemliydi. Zaman hesaplarıyla uğraşanlara muvakkit denirdi. İslamiyette fıkıh medresesi, kelâm medresesi, hadis medresesi ve sayıları az da olsa tıp medreseleri gibi bazı özel konuların öğretildiği medreseler vardı, fakat astronomi gibi akli ilim sayılan özel dallarda yaygın öğretim yapan medreseler yoktu.

Astronomi çalışmaları hükümdarlar tarafından kurulup desteklenen rasathanelerde yürütülüyor, medreselerde ise sadece "muvakkit" yetiştirecek kadar astronomi öğretiliyordu. O zaman Astronomi bilgisinin yayılması ve nesilden nesile geçmesi, daha çok diğer akli ilimlerde olduğu gibi özel ders ve kişisel çalışmalarla oluyordu. Böylece astronomlar özel ders vererek çıraklık usulüyle yeni astronomlar yetiştiriliyordu. Genelde değer verilmeyen astronomi çalışmalarına İslamiyette takınılan tavır her zaman ve her yerde aynı olmamıştır. Örneğin Fatih Sultan Mehmet'in İstanbul'da açtığı medreselerde matematiğin yanında astronominin de okutulduğu bilinmektedir.

İslam astronomları evren modeli olarak Ptolemy (Batlamyus) modelini esas alarak yaptıkları gözlemler sonucu bu modelde küçük değişiklikler yapmışlardır. Ayın hareketine dayalı bir takvim kullanmışlardır. Bu takvim İslam Peygamberi Muhammed'in Mekke'den Medine'ye göç tarihinden başlatılmıştır. Yıldızların Yunanlılarda kabul edildiği gibi Satürn dışında bir küre-nin üzerinde olduğu inancından şüphe edilmiş, onların çok daha uzakta uza-ya yayılmış büyük cisimler olduğuna inanılmıştır.

İslam dünyasının astronomiye en önemli katkısı ilk kez modern anlamda gözlemevlerinin İslam toplumlarında kurulmuş olmasıdır. Batı dünyasında hiç sözü edilmeyen bu gelişme aslında çok önemlidir. Eski Yunanlılar astro-nomik bilgiyi yeni gözlemlere gereksinme duymadan filozofik yollarla geliş-tirmeye çalışırken, İslam ülkelerinde gözlem yapmanın önemi kavranmış bu amaçla büyük gözlemevleri kurulmuştur. Bu gözlemevlerinde yeni aletler geliştirilmiştir. İlk kez İslam ülkelerinde 7. yüzyılda kurulmaya başlanan gözlemevlerinin önemi ve sayısı o günden sonra gittikçe artmıştır. Bağdat'ta 5. Abbasi halifesi Harun-er-Reşid (763-809) zamanında gelişmeye başlayan gözlemsel astronomi, 7. halife El-Me'mun (713-833) zamanında daha da faz-la destek görmüş ve bu dönemde dönemin büyük astronomu El-Battani (858-929) 20 yaşında başlayarak çok duyarlı gözlemler yapmıştır. Bu göz-lemlerle Güneşin görünür hareketlerindeki düzensizlikleri incelemiş, düğüm-ler noktasının 100 yılda 54,5 açı saniyesi kaydığını göstermiş ve tutulumun ekvator düzlemiyle 23 35'lik bir açı yaptığını ölçmüştür. 880-881 ekinoksu-na göre bir yıldız kataloğu hazırlamış ve "Yıldızlar Bilimi" adlı bir de kitap yayınlanmıştır. Bu kitap sonradan 12. yüzyılda Latinceye ve İspanyolcaya çevrilmiştir. 10. ve 11. yüzyıllarda meşhur olan diğer iki İslam astronomun-dan Es-Sufi Şiraz'da, El-Beyruni ise Mezopotamya'da yaşamıştır. Aynı dö-nemlerde İbn-i Yunus Mısır'da astronomi gözlemleri sürdürmüştür.

1260 yılında Hülagu Han'ın desteğiyle Nasirüddin tarafından kurulup ça-lıştırılan Meraga gözlemevinin ünü, İngiltere'den Çin'e kadar yayılmıştır. Nasirüddin'in 1274'te ölümünden sonra oğlu tarafından yönetilen ve çok sa-yıda astronomu barındıran Meraga gözlemevi 50 yıl kadar aktif olarak çalış-tırılmıştır. 1300 yılında Meraga gözlemevini görüp inceleyen İlhanlı Hü-kümdarı Gazan Han (1295-1304) Tebriz yakınlarında kendisine bir türbe ile beraber cami, medrese, misafirhane, idare binaları, hamam ve bir de gözle-mevi yaptırmıştır. Gazan Han gözlemevinin bütün giderleri vakıf gelirleri ile karşılanıyordu. Gazan Han, bu gözlemevinde Güneş gözlemleri için yarım küre şeklinde yeni bir gözlem aleti geliştirmiş ve kullanmıştır. Vakıf gelirle-riyle çalıştırılan bu gözlemevinde, resmi olarak iyi planlanmış bir astronomi öğretimi de sürdürülüyordu. 15. yüzyılın başlarında Meraga Gözlemevini in-celeyen Timurlenk (1369-1405)'in torunu Uluğ Bey (1304-1449) Semer-kand'da başka bir gözlemevi kurdurmuştur. Bu gözlemevinin Uluğ Bey'den daha önce kurulmuş olduğu da sanılmaktadır. 1500 yıllarında yıkılan gözlemevinde 1460'lara kadar etkin biçimde gözlemler sürdürülmüştür. Uluğ Bey, bu gözlemevindeki çalışmalarıyla büyük bir yıldız kataloğu hazırlamıştır. 1018 yıldızın parlaklık, ad ve konumlarını veren bu katalog, Uluğ Bey "Han" olmadan 10 yıl önce 1437'de yayınlanmıştır. Önce Arapça yayınlanan katalog 1498'de Farsça'ya 1655'te İngilizceye çevrilmiştir. Ayrıca 1757'de İngiltere'de Oxford yayınları arasında 2. kez ve 1917'de Washington'da Carnegie Enstitüsünde basımı yapılmıştır.

Abbasi halifesi Me'mun zamanında Bağdat'taki Şemmasiye ve Şam'daki Kasiyun gözlemevlerindeki astronomların, grup halinde çalıştıkları ve birbirleriyle işbirliği yaptıkları bilinmektedir. Meraga gözlemevinde de 100 kadar öğrenci ve Nasirüddin Tusî, Cemaleddin İbni Tahir-i Buharî gibi birçok önemli astronom bulunuyordu. Semerkand gözlemevinde ise, Kadızade ve Ali Kuşçu, Uluğ Bey ile birlikte çalışmışlardır. Bu gözlemevi, Uluğ Bey'in öldürülmesinden sonra on yıl kadar oğlu tarafından yönetilmiştir. Tebriz gözlemevinin ancak birkaç yıl çalıştırılıp, Gazan Han'ın 1304 yılında ölmesinden sonra dini nedenlerle yakıldığı sanılmaktadır. Burada bir önemli nokta da İslam'da büyük gözlemevlerinin hükümdarlar tarafından kurulmuş ve desteklenmiş olmasıdır.

Aslında bugün İslam dünyasındaki astronomi çalışmaları yeterince gün ışığına çıkarılmış değildir. Medreselerin gözlemevi niteliğinde yapılmış olması, kubbelerinin altında kuyuların bulunması astronomi gözlemleriyle ilişkili olabilir. İslam dünyasının astronomi bilimine etkisi öylesine büyük olmuştur ki, bugün parlak yıldızların bütün dünyada kullanılan isimleri genellikle Arapçadır. Örneğin Algol, Antares, Aldebaran, Adhara Almar, Alphard sadece a harfinde tüm dünyada kullanılan birkaç parlak yıldızın Arapça ismidir. Halâ kullanılan astronomik terimlerin birçoğu İslam kaynaklıdır. Örneğin zenit, nadir, azimut, almukantar vs., yine Batı'da turkuet ya da turketum denen ve açı ölçmeye yarayan gözlem aleti İslam gözlemevlerinde geliştirilmiş Türk gözlem aletidir.

SORULAR

1. Arap toplumlarının astronomiye ilgisini artıran nedenler nelerdir?
2. İslam dünyasının astronomiye en önemli katkısı nedir?
3. Türk-İslam Medeniyetinde astronomi çalışmaları nasıl gelişim göstermiş ve kimler tarafından desteklenmiştir?
4. Bugün bilinen pek çok astroloji teriminin adı niçin Arapçadır?
5. M.S. 8.-16. yüzyıllarda yapılan astronomi çalışmaları bugünün dünyası için geçerli midir? Bugün de bu tür çalışmalar yapılmakta mıdır?

ŞİMŞEĞİN SIRLARI

ABD'de her yıl 400 insan yalnızca yıldırım yüzünden ölmektedir. Dünya çapındaki rakam tam olarak saptanamamıştır. Yine de yılda ortalama 1800 gökgürültülü fırtına meydana geldiği ve yüzlerce şimşek çaktığı bilinmekte. Astronotlar bu manzarayı, yanıp sönen bir neon gösterisine benzetmişlerdir. Arasıra çakan ışık, bulutların arasından geçmekte ve doyumsuz ışık ve gölge oyunları yapmaktadır.

Şimşek, basit olarak, atmosferde kütlesel elektrik boşalmasına denir. Bir tek çakış, elektrik yüklü bulutun tabanı ile yer arasında yüzlerce milyon voltluk bir potansiyel farkına köprü olmaktadır. Yolu üzerindeki havayı da 30 000°C'nin üzerinde 10 000 amperlik akımla ısıtmaktadır. Şimşeğin yoğun ısısı havanın aniden genişlemesine yol açar. Ve ısı sarf edildiği zaman hava yeniden büzülür ve gökgürültüsü meydana gelir. Tam tepenizde meydana gelen bir vuruş, kulak delici bir gürültü yapar. Fakat çakma uzakta meydana geldiği zaman gökgürültüsü uzun, kabarık bir gürleme şeklindedir çünkü ses, aradaki yüzeylerden yansımaktadır (binalar, tepeler ve ağaçlar).

Elektrik yüklü bulutlar (artan nemli hava kolonlarının kuleler meydana getirdiği), teknik olarak cumulo-nimbus olarak bilinir. Bunlar enerjinin kaynadığı bir kazan gibidir. Hızlı hava hareketlerinde kendilerini gösterirler ve garip elektriksel etkileri şimşeği meydana getirir.

Balonlardan ve hızlı fotoğraf çekimleriyle elde edilen kimi ölçüler şimşeğin bazı sırlarını açığa çıkarmıştır. Gene de bu çok rastlanan atmosferik olayın pek çok yönü hâlâ anlaşılamamıştır. Bilindiği gibi, elektrik yüklü bulutun üst kısmı pozitif, orta ve alt kısmı ise negatif yüklüdür. Bir endüksion işlemi ile bulutun altındaki yer negatif olur. Bu o denli güçlü bir negatiflikdir ki, insanların saçını dimdik havaya kaldırabilir.

Büyük elektriksel bir sandviç gibi, havanın pozitif yüksek bölümleri ile alttaki tabakalar negatif bir dolgu ile ayrılmışlardır. Herhangi bir yolla hızlı hava, bulutun içine girer ve normal olarak nötr olan hava moleküllerini pozitif ve negatif olarak ayırır. Genel olarak kabul edilen kurama göre bulutun üst kısmındaki buz kristalleri hava akımlarıyla kırılır. Bu kristallerin özleri gereğinden fazla elektron tutarlar ve negatif yüklü olurlar. Bulutun alt kısmına inerler ve eriyerek negatif yüklü yağmur olarak yere düşerler. Daha küçük parçalar yukarıda fırtına bulutunda pozitif olarak kalırlar. Kuru hava elektrik akımı geçirmeye elverişli değildir. Bu yüzden ayrılmış yükler çok yüksek bir potansiyele erişinceye kadar birleşip nötr olamazlar. Ancak havadaki su buharı iletkenliği artırır ve fırtına durumunda atmosferin bazı kısımları daha önce iletken hale gelirler. (Kıvılcımların bulutların arasından veya bulutla yeryüzü arasında geçmesine müsade ederek). Bulutlar arasındaki çakışlar 100 km.'den fazla ilerler ve bazı tekil çakışlar 15 km.'ye dek uzanabilir. 10 çakıştan hemen hemen 1'i yere ulaşır. Diğerleri bulutun içinde ileri geri gidip gelirler ve net olarak izlenemezler. Bu tip bir şimşek titreyen floresan ışığına benzer.

Genel inancın tersine, şimşek çakışındaki elektrik akımı yerden buluta yükselir. İnce, daha zayıf bir ön vuruş bulutları havaya doğru zikzak yapar. Bunu yaparken en iletken yolu bulmaya çalışır. Hemen ardından yerden buluta doğru kütlesel bir geri vuruş meydana gelir. Bu hareket bir çok kere tekrarlanır (yüksek hız fotoğrafçılığında görüldüğü gibi).

Şimşek çeşitli şekillerde olabilir, fakat çatal, dal ve yaprak şeklindeki şimşeklerin değişik perspektiflerden de olsa etkileri aynıdır. Zaman zaman garip şekiller meydana gelir. Bazı çakışlar bir dizi boncuğa benzer, parıltı 30 m. aralıklarla bir dizi şeklinde ayrılmıştır.

Birçok gözlemci küre şeklindeki şimşeklere tanık olmuştur. Bu gözlemlere göre kan kırmızı renginde olan bu korkunç görüntüler, anahtar deliklerinden geçer, odanın içinde daireler çizerek dolaşır hatta bacadan dışarı çıkarlar. Arkalarında bir ses ve küflü bir koku bırakır ve en sonunda korkunç bir gümbürtü ile patlarlar. Kaynakları halâ daha bir giz olarak kalmaktadır.

SORULAR

1. Şimşek nedir? Nasıl oluşur?
2. Gök gürültüsü nasıl oluşur?
3. Şimşek, hangi şekillerle meydana gelir?
4. Küre şeklindeki şimşekler ne tür etkiler yaratırlar?

İŞTE DOĞA

Erdoğan SAKMAN

KÖPEK YOLUNU NASIL BULUR?

Evcil köpek (Canis familiaris) bilmediği bir yere bırakılınca bulunduğu noktadan başlayıp gittikçe genişleyen daireler veya daire parçaları çizerek ilerler. Tanıdığı bir yere rasladığında orayı başlangıç noktası alıp ulaşmak istediği yeri hem tanıdığı çevrenin hem önceden bildiği kokular yardımıyla bulur. Av köpeklerinin ilerlerken çember parçaları olan yaylar çizmelerinin de sebebi, tanıdık bir yer veya koku ya da ikisini birden bulup hedefe ulaşmaktır.

TABİATIN YAYGIN YÖNTEMİ TAKLİT

Peru kahin böceği (Acanthops brasiliano) aynen bir kuru yaprak görünümündedir. Hatta düşmanlarının yanıltmak için rürgârda kıpırdayan bir kuru yaprak benzeri, ileri geri sallanır. Bir başka böcek sallanıp duran bu canlı yaprağın farkına varmaz, ayaklarının ulaşacağı yere kadar yaklaşırsa, anında kahin böceğine yem olur.

YILAN SÜT EMER Mİ?

Ahırlarda yakalanıp ezilerek öldürülen özellikle su yılanı (Natrix natrix), gövdesinden süt gibi bir sıvı aktığını veya çayırlarda ineklerin memelerine dişlerini geçirdiğini görenler, süt emdiğine hükmetmişlerdir. Yılanlar inek ya da benzeri hayvanların memelerinden süt emmezler, yani ememezler. Ezilen yılandan akan beyaz sıvı, yumurtlaması yakın yılanın yumurtalarının ezilip kırılması sonucu çevreye yayılan yumurta sarısıdır. Kırlarda veya ahırlarda inek memelerine dişlerini geçirip takılı kalan yılanlar, en sıcak yeri inek memelerinin altında bulup oraya çöreklenen, fakat ineğin haklı olarak huysuzlanıp kendini korumak için ani hareketler yapmasıyla en yakın ve yumuşak yer olan memeye saldırıp ısırırlar. Tabiatı iyi tanımak ve anlamak, korkuları ve çoğu temelsiz inanışları ortadan kaldırır.

OBUR TIRTIL

Bütün tırtıllar gibi gece kelebeği (Polyphemus spp.) tırtılının amacı, tıka basa karnını doyurup bir an önce erginliğe ulaşmaktır. Hayatı boyunca aldığı besinin ağırlığı, kendi ağırlığının 86 katıdır. Güçlükle görür, sadece yatay ve düşeyi algılayabilir. Oburluğu sebebiyle çok hızlı büyüdüğünden birçok kez kav (gömlek) değiştirir. Attığı deriyi de yer. Hücre sayısı büyümeyle artmaz. Hücrelerin boyutları ilk boyutlarının binlerce katına ulaşır. Yiyecek dolu vücudunu korumak için iştah açmayan, hatta düşmanlarını ürkütücü bir biçim almak zorundadır. Bu tırtılın görünümü zamanla ağaçlarda dolaşan yılanlara benzemiştir. Bu yüzden düşmanı yok denecek kadar azdır. Koza içine girerek kelebek olurken, gıdasını vücudundaki ilkel hücreler oluşturur. Yediği bu hücrelerden daha gelişmiş hücreler yaparak kelebekliğe ulaşır.

BELLEK ERİDİĞİ ZAMAN

Günlük tiyamin gereksinimini tam olarak karşılamak için günde en az 280 şişe şarap içmek gereklidir. Başka bir deyişle, alkollü içkiler çok az vitamin içerirler.

Pek çok alkolik için en önemli besin alkol olduğundan, vücutlarına verdikleri zarar, büyük bir olasılıkla sadece içtiklerinden değil, içki yüzünden yiyemediklerinden de kaynaklanmaktadır.

Pek tabii, bu tartışma aşırı dozda içerken yemek yemeyi de ihmal etmeyenler için geçerli değildir.

Fakat ileri derecede alkolizmin sebep olduğu pek çok vaka doğrudan doğruya etanola bağlanmamalıdır. Bunlardan biri, şu anda araştırmacıların üzerinde önemle durduğu Korsakof Sendromu'dur.

Alkol dünyada en çok kullanılan uyuşturucu türüdür. Mütevazi dozlarda alkol almak, kökleri çok eskilere uzanan sosyal bir gelenektir ve yetişkinlerin çoğu hafif içkinin rahatlatıcı tatlı etkilerine yabancı değildirler. Pek çok insan kendini alkole kaptırmanın tehlikelerinin de farkındadır: Kısa dönemde baş ağrıları, mide bulantıları ve uzun dönemde alışkanlık, ardından alkolizm. Fakat aşırı alkolün beyni bir daha onarımı olanaksız kılacak şekilde bozduğunu, pek azımız biliriz.

Amerika'da eski askerler için bir hastanede kalmakta olan Joe, yaşamının 20 yılını günde bir kasa (yaklaşık 6 litre) bira içmekle geçirmişti. Sonunda hastaneye getirilmeden önce arkadaşları tarafından barlardan çıkmayan deli dolu biri diye tanınırdı. Saldırgan, çabuk parlayan ve kavgacı bir tipti. Şimdi ise durgun, kayıtsız içine kapalı bir kişi olmuştu. Günlerini yatağında yatıp, kıpırdamadan televizyon seyretmekle geçirmekte ve birayla bile ilgilenmemekte. Artık tartışmalara katılmamakta ve bir hemşire kendisinden birşey istediğinde sorgusuz sualsiz uymaktaydı. Joe'yu tanıyanlar için, yaşama karşı olan isteksizliği çok hazin bir tablo çizmekte. Kişiliğindeki bu değişiklik aşırı alkolün kendisine verdiği en büyük zarar değildir. Joe belleğini de kaybetmiştir. Bellek kaybına rağmen Joe oldukça zeki ve görünüşte normaldir. Görünüşe göre, IQ'su değişmemiştir ve mantığını çok düzgün çalıştırabilmektedir. Oldukça çapraşık esprileri anlayıp gülebilmekte ve artık pek konuşkan olmamasına rağmen, konuşmaya başladığında neşeli ve canlı olabilmektedir.

Fakat bir süre sonra çok garip şeyler olduğunu farketmeye başlıyorsunuz. Joe sürekli olarak aynı sözleri söylemekte, aynı hikâyeleri anlatmakta ve aynı soruları tekrarlamaktadır. Her cevap verişinizde aynı ilgiyle sizi dinlemekte ve aynı tepkiyi göstermektedir. Odayı birkaç dakika için terkederseniz, döndüğünüzde Joe sizinle konuştuğunu hatırlamayacaktır. Sürekli olarak kim olduğunuzu soracaktır. Kendisini aylardır tedavi etmekte olan doktorların, hemşirelerin de ne yüzlerini ne de isimlerini hatırlayabilmektedir. Eğer, koğuşundan uzaklaşmışsa hemen kaybolmakta ve nerede, nasıl ve neden olduğunu hatırlayamadığı için yolunu sormayı bile becerememektedir. Joe, her dakikasının sanki ilk defa uykudan uyanıyormuşçasına geçtiğini tarif etmektedir.

Joe'da görülen, Korsakoff Sendromu'nun en ağır halidir. Beyinde oluşan bölgesel bozulma bellekte yaratılan yeni izlerin çok uzun dönem saklanamamasına sebep olmaktadır. Kronik alkolizmin son yıllarından önce olmuş olayları, örneğin 2. Dünya Savaşındaki askerlik dönemini hatırlayabilmektedir. Fakat sonunda hastahaneye kaldırılacak kadar ağırlaştığı yıllardan belleğinde en ufak bir iz bile yoktur.

Arka arkaya birkaç sayıyı aklında tutması istenirse, bunda en fazla birkaç saniye başarılı olabilmektedir. Ama Joe askerlik sicil numarasını hâlâ hatırlamaktadır, çünkü onu beyni harap olmadan önce öğrenmiştir.

Bellek Nasıl Düzenlenmiştir?

Beyne verilen zararın belleğin bir kısmını etkileyip diğer kısmını hiç etkilememesi bu konuyla ilgilenen bilim adamlarının çok ilgisini çekmiştir. Joe'daki belirtilerden anlaşıldığına göre, bellek beynin içinde öyle düzenlenmiştir ki yeni bilgiler eski bilgilerden tamamen bağımsız olarak kaydedilmektedir. Ayrıca beynin belli bölümlerinde oluşan bozulmanın etkileri, belli fonksiyonların sinir sistemi içinde nasıl dağıldığına ve yerine getirildiğine dair önemli ipuçları oluşturmaktadır.

Joe'nun beyninden alınan ve bilgisayara verilen röntgenler aşırı alkolün beyin üzerindeki iki önemli etkisini ortaya çıkarmıştır: Birincisi, Joe'nun beyni normale göre küçülmüştür ve boşalan yeri doldurmak için sıvıdolu hücreler genleşmiştir. İkincisi ise, talamus ve hipotalamus adı verilen ve orta

106

beyinde bulunan hayati hücreler de dahil olmak üzere beynin pek çok bölümü hasar görmüştür. Özellikle hipotalamusun mememsi dokularında (bu dokular orta beyin sisteminde bulunup, bellek ve duyguların kontroluyla görevlidirler) bir çürüme kaydedilmiştir.

Joe hastaneye ilk alındığında durumu çok ağırdı. Güçlükle konuşabiliyordu. Zihni karışmıştı. Kendi aile bireylerini tanıyamıyor, hareketlerini koordine etmekte güçlük çekiyordu. İlk röntgenler, beynin büyük bir bölümünün iltihaplandığını, sindirim, solunum ve kan dolaşımını kontrol eden alt-beyin merkezlerinde hayati tehlike gösteren kanama olduğunu belirtiyordu. İlk tedavide Joe'ya her gün yüksek dozda tiyamin vitamini verilmiştir. Bu, uzun dönemli alkol zehirlenmesi karşısında kullanılan en etkin acil panzehir uygulamasıdır. Ve, bir hafta içinde Joe'nun hayatı kurtarılmıştır.

Bu vitamin terapisi, Korsakoff Sendromu'nun en ağır aşamasında görülen kanama ve iltihaplanmayı hafifletmesine rağmen, orta beyinde oluşan hasarı ve kaybedilen sinir hücrelerini yenileyememektedir. Son deneyimlerden anlaşıldığına göre, alkoliklerin düşkünlüklerinin son döneminde görülen beyin bozulması, kısmen iştahlarının kesilmesine ve gerçekte vitaminsiz kalmalarına bağlıdır. Böylesine zayıf düşüren bir rejim, beyin hücrelerini alkole karşı çaresiz kılmakta ve hastanedeki vitamin tedavisi beynin halen canlı olan bölümünü tekrar sağlığına kavuşturabilmekte, fakat ölen bölümünü kurtaramamaktadır.

Tehlike Çanları

Joe vakasına, rahatlıkla aşırı alkolizm denilebilir. Fakat alkol problemleri olduğunu inkâr edecek kadar az dozda alkol kullananlar için bile tehlike çanları çalmaktadır. Beyne verilen zarar belki daha hafiftir, ama inanın önemsiz değildir. Danimarka'da 1979 da günde 50 gr. alkol alanlar üzerinde bir araştırma yapılmıştır. Yarım şişe şarap, bir buçuk litre bira veya üç ölçü saf ispirto bile 50 gramdan fazla alkol taşır. Ayrıca bu araştırmada incelenen kişilerin 35 yaşın altında ve diğer yönlerden sağlıklı olmalarına da özen gösterilmiştir.

Danimarka'da yapılan bu araştırma hem bilgisayarda işlenen röntgenler aracılığıyla beynin fiziksel muayenesini, hem de psikolojik testler yolu ile başarım tahminlerini kapsamaktadır. İncelenen kişilerden % 49'unu beyinlerinde küçülme % 59'unda ise zihinsel bozukluk tesbit edilmiştir. Hatta, % 65'i kendilerinde bellek zayıflığı, konsantrasyon eksikliği, sinirlilik ve bunama belirtilerinden yakınmaktadırlar. Vücudun diğer kısımlarında fazla ciddi bir hasar gözlenmemiştir. Sadece, gruptakilerin %19'unun karaciğerinde siroz belirtileri teşhis edilmiştir.

Bu keşif, alkolün beyne verdiği zararın en kötü yönlerinden birine ışık tutmaktadır. Vücudun diğer taraflarında daha belirtiler başlamadan, beyinde tamiri imkansız hasar olacağı bilinirse, aşırı alkolün çok geç olmadan önü alınabilir. İnsan sakatlıklarının belki de en hazini beyindeki sakatlıktır. Çünkü insanın hem kişiliğini, hem de yaşadığı hayat standartını etkilemektedir. Henüz teşhis edilmemiş beyinsel hasar ise daha da trajiktir, çünkü başlangıçta, rahatlıkla insanın ruhsal durumunda bir değişiklik olarak yorumlanabilir. Ve asıl bu başlangıç aşamasında tiyamin iğneleriyle müdahale faydalı olabilir.

Fakat ne yazık ki, Joe gibi pek çok kişi, tıbbi müdahale gereksinimini, ancak alkolün verdiği hasar artık tamir edilmez noktaya geldiğinde duymaktadırlar.

Alkolizmle ilgili bazı tıp uzmanlarının iddiasına göre, Wernicke Ansefalopatisi denen bir aşamada, alkolün beyinde yaptığı bozulma, gerçekte olduğundan daha hafif sanılmaktadır. Son araştırma sonuçlarına göre, bazı alkolikler beyinde ağır bir zedelenme olmadan, erken teşhis sayesinde kurtarılabilmektedirler. Ama pek çoğu farketemeden Korsakoff Sendromu'na kadar ilerlemekte ve % 10 kadar hasta da gereksiz yere hayatını kaybetmektedir.

SORULAR

1. Korsakof Sendromu nedir? Nasıl ortaya çıkar?
2. Alkolün beyne etkileri nelerdir? Ve bu etkiler nasıl tedavi edilebilir? Bu tedavi sonucunda hasta vücutta oluşan değişmeler nelerdir?
3. Aşırı alkol öncesi ve sonrası vücuttaki değişimleri karşılaştırınız.
4. Alkol alımı öncesi ve sonrası vücuttaki değişimleri karşılaştırınız.
5. İnsanları alkol almaya iten sebepler nelerdir? Bu sebeplere ne gibi çareler getirebiliriz? Örneklerle açıklayınız.

ELEKTRİK ÇARPMASI

Ethem KILKIŞ

Elektrikle çalışan her türlü cihaz, dikkatsiz kişiler için tehlike ortamı olabilir. Bilindiği gibi, bir cihazın elektriği kullanabilmesi için, en az iki adet elektrik telinin bu čihaza bağlanmış olması gerekmektedir. Bu iki telden birisi faz, diğeri ise nötr diye anılır. Faz ile toprak arasında 220 volt gerilim farkı vardır. Nötr ile toprak arası ise sıfır volttur.

Elektrik üreteçlerinde elde edilen gerilim, trafolardan geçtikten sonra 220 veya 380 voltluk gerilim olarak, hava hatlarıyla tüketim yerlerine gönderilir. Faz hattı ve trafonun nötr hattı korumalı olarak izoleli kablolarla elektrik dağıtım panosundan evlerin sayaç girişine bağlanır. Aslında apartmanlara 380 volt girip dairelere 220 voltluk gerilim halinde dağıtım yapılır.

Ev içindeki pirizlere bakınca, ikili veya üçlü iletimin mevcut olduğunu görürüz. Üçlü olan topraklı pirizdir. Bu pirizler mutfak, banyo, ev dışı, zemini taş olan kaçak tehlikesi fazla olan yerlere monte edilmektedir. Diğer ikili yani topraksız pirizler ise radyo, TV, bölgesel aydınlatma ihtiyaçları için kullanılmakta olup, 100 wat civarında akım çeken cihazlar için kullanılırlar. Burada dikkat edilecek husus, topraksız pirizlerden fazla akım çekmemektir. Mesela, topraksız pirize ısıtma için 2000 watlık elektrik sobasının fişini takmak, pirizin kısa zamanda bozulmasına sebep olacaktır.

Pirizdeki yuvasına sıkı temaslı oturmayan fiş, çekilen akımın oluşturduğu ısı nedeniyle oksitlenme ve yanmalara neden olur. El ile tutulan bu tür fişlerin ısınması tehlike habercisidir. Fiş veya pirizin mutlaka değiştirilmesi gerekmektedir.

Topraklama

Apartmanlarda inşaat sorumlusu 10 mm'lik izoleli bir bakır iletkeni (bina dışında) 40x50 boyutlarda bakır levhaya bağlayarak gömdürür. Toprak telin ucunu apartman panosuna ve bütün evlerin topraklı pirizlerine götürür.

Neden Çarpılırız?

Elektrikli cihaz, muhtemel elektrik kaçağına karşı dış metalik kabından üçüncü bir telle kendi fişinin toprak ucuna bağlanır.

Eğer cihaz içinde zamanla izolasyon veya kablo eskimesi nedeniyle kaçak oluşmuşsa, metalik kaba bağlı üçüncü telden toprağa yönelik akım sigorta atmasına dolayısıyla olayı öğrenmemize yarar.

Diyelim ki toprak teli yok veya pirizimiz topraksız, başka bir ihtimalle topraklama hattı bozuk veyahut hiç yok ise, cihazdaki kaçak bu cihazı kullanan kişiye ve onun üzerinden toprağa bir akım akmasına neden olur. İşte bu akım, 50 miliamper veya yüksek ise ölüme neden olacaktır.

Elektrik çarpması kalbin veya solunumun ritmini bozarak ölüme neden olmaktadır.

Kaçak Kontrolü

Yalnız iki teli olan bir cihazın (topraksız fişe sahip), kontrol kalemi ile dış metal kısmına dokununca ışıldama yani kaçak varsa fişi ters çevirelim:

Kaçak kayboldu ise ya kapasitif bir kaçaktır (pratikçiler ölü elektrik derler, el ile madeni kısmı tutunca kaybolabilir), ya da cihaz içindeki iletkenlerden birisi, dış metal kısma dokunmaktadır. Fiş ters çevrilince bu tel nötre temas edince ışıldama kalmıyor, kontrol kalemi kaçak göstermiyor demektir. Durum tehlikelidir, hemen cihazı ameliyat masasına yatırınız, ommetre ile kaçağı bulmaya çalışın. Cihaz topraklı fişe sahip olsaydı sigorta atacak idi.

Toprak hattından şüpheleniyorsanız, su tesisatı borusuna madeni bir kelepçe ile korumak istediğiniz cihazı topraklayabilir veya şebekenin sıfır hattını topraklama için kullanabilirsiniz.

Genelde 45 volttan aşağı gerilimler tehlikesiz olduğu için, izoleli sekonder sargısı olan bir trafodan elde edilecek gerilimler kullanılması sakıncalı değildir. Trafonun madeni kısmı topraklı olmalıdır. Katiyen oto trafo kullanmayınız; 45 voltluk ucunda toprağa göre 220 volt mevcut olduğuna dikkatinizi çekerim.

Bazı cihazları şebeke geriliminden tecrit edici izolasyon trafosu kullanılması da mümkündür. (220 V giriş, (220 V çıkış). Televizyon tamir atölyelerinde kullanılır.

Elektrik çarpmasından korunmak için şunlara dikkat edilmelidir:

1 - Elektrikli cihaz üzerinde çalışırken, ayakta kauçuk tabanlı ayakkabı, üzerine basılacak kuru bir tahta, kitap veya birkaç kat gazete kullanılmalıdır.

2 - Elektrik olduğundan şüphelenilen şeye tek el ile dokunup diğer el boşta veya gerekliyse yüzdeyüz kuru izole bir maddeye dokunarak destek alınabilir.

3 - Elektrik keserek çalışmak gerekiyorsa, kimseye yüzdeyüz güvenmeyip elektriğin kesildiği yer gözetim altında tutulabilir.

4 - Elektrik olduğundan şüphelenilen tel ve metal yapıya avuçla değil, parmaklarla dokunulabilir.

5 - Çalışırken şebeke ceryanı ile ilgili bir operasyon yapılacaksa mesela, piriz tamiri, tavan lambasının arıza aranması gibi durumlarda daima sigortayı açmak gerekmeyebilir. Yani ceryan üzerinde çalışmak gerekebilir.

Bu durumlarda çevredekilerin çalışana dokunmamaları gerekir. Çünkü, onların üzerinde devre tamamlanabilir.

6 - Basit tedbirlerden biri de sağ el ile elektrikli objeye temas ederken, sol elimiz sol pantolon cepte bacağımıza sıkı temas halinde olursa, kalp muhtemel akıma kısa devre edilmiş olacaktır.

Çarpılana Yardım

Elektrik çarpılmasında yanma yok ise acil işlem, usulüne uygun kalp masajı ve solunum masajıdır. Hayat kurtarma ihtimali şokun atlatılmasına bağlıdır.

Kaçağı Erken Haber Verme

Ev ve iş yerlerinde, elektrik kaçağını erken ihbar gayesiyle nötr-toprak hattı üzerine özel bir hassas röle konulmaktadır. Cihazlarda sigorta attırmayan fakat, kaçak niteliğindeki bir elektrik akımı bu röleyi çektirerek devre elektriği otomatikman kesilmektedir.

SORULAR

1. Elektrik çarpmasından korunabilmek için ne gibi önlemler alabiliriz?

2. Neden çarpılırız? Sonuçta vücutta ne gibi değişimler meydana gelir?

3. Herhangi bir elektrik aletinin kaçak yapıp yapmadığını nasıl kontrol edersiniz?

4. Elektrik çarpmasına uğrayan bir kişiye nasıl yardım edebilirsiniz?

AMAZON ORMANLARI ÖLÜYOR

Trokipal ağaçların kesimi artık bir sanat olmaktan çıkmış bir bilim haline gelmiştir. Amazon havzasında becerikli baltacıların yerini, vinçler ve bıçaklar taşıyan dev traktörler almaya başlamıştır. İleri teknoloji ürünü "ağaç deviren", "kötü hale getiren", "parçalayan" makineler, birkaç saat içinde bir hektarlık bir alandaki ağaçları sökmekte, devirmekte ve parçalamaktadır.

Dünyanın gerçekten balta girmemiş son alanlarından olan tropikal ormanların dakikada 14 hektarı yok edilmektedir. Büyük bölümü Kuzey Brezilya'da kalmak üzere 5 milyon kilometrekare alanı kaplayan Amazon cengeli, bu nemli ormanların herhalde en büyüğüdür.

Amazon Irmağı uzunluk bakımından Nil Irmağından, sonra dünyanın ikinci büyük ırmağı, hacim bakımından da dünyanın en büyük ırmağıdır. Ağzı yaklaşık 400 km genişliktedir ve çok derindir. Amazon Irmağı, tüm dünya ırmaklarının sularının yaklaşık beşte birini Atlas Okyanusuna boşaltır. Bu dev ırmağın havzası da yeryüzündeki en karmaşık ekolojik sistemi içinde barındırır. Bir hektar yağmur ormanı içinde binlerce değişik türde bitki ve hayvan bulunur. Bununla karşılaştırıldığında zengin bir ılıman iklim ormanı oldukça yoksul sayılır.

Biyologlara göre yeryüzündeki yaşam şekillerinin halâ altıda beşi bilinmemektedir; üzerinde çalışılan türlerin bazılarına ad bile verilememiştir. Bu egzotik ve bilinmeyen yaratıkların çoğu tropikal yağmur ormanlarında yaşamaktadır. Missouri Botanik Bahçeleri Müdürü Peter Raven şöyle demektedir: "Yağmur ormanları, hakkında bildikleriniz Ay hakkında bildiklerimizden bile azdır ve Ay bu ormanlardan daha uzun süre yerinde kalacaktır." Eğer tahribat bu çapta devam ederse, bu ormanlara özgü binlerce canlı türü gelecek 20 yıl içinde tümüyle yok olacaktır.

Burada ağaçlar 60 metreye kadar büyürler ve yağmur ormanlarına özgü çok çeşitli hayvan ve bitkilerden oluşan vahşi yaşama kucak açarlar. Kuyruklarıyla tutunup aşağı sallanan maymunlar, tembel hayvanlar, tukanlar, papağanlar buralarda yaşarlar. Bir bahçeyi çabucak yok edebilecek türden yaprak yiyen karıncalar bu ormanda bulunur. Amazon Irmağında akvaryumseverlerin yakından tanıdığı neon tetra ve diskus gibi süs balıklarının yanısıra saldırgan dev kedibalığı ve piranalar (Pygocentrus piraya) yaşar. Göllerde yaşayan denizkızları, 5 metreye kadar ulaşan boylarıyla su yılanları, anakondalar bu yörenin hayvanlarıdır. Ama Amazon bölgesi olağanüstü ormanları ve çekici hayvan yaşamıyla ilgilenenler yalnızca zoologlar değildir. Kakao, mahun cevizi, Brezilya kestanesi ve avokadonun kaynağı da bu ormanlardır. Hatta bazı ilaçlar bile -örneğin ameliyatlarda kas gevşetici olarak kullanılan kürar gibi- bu balta girmemiş ormanların ürünüdür.

Bunlarda başka nice doğal ilaçlar ve haşere zehirleri, keşfedilmeyi beklemektedir. Uluslararası Doğa ve Doğal Kaynakları Koruma Birliğinden Robert Allen'e göre tropikal bitkiler, otoburlarla sürekli mücadeleleri sonucu kimya biliminin en önemli kaynak kitaplarından birini oluşturur. Ormanlar ayrıca ehlileştirilebilecek çok sayıda yabanıl bitki türünün de kaynağıdır. Bu türlerde elde edilecek genlerle, ehlileştirilen soylar ıslah edilebilir. Ancak bunun için doğal bitki topluluklarının korunması gerekir.

Dünya Çapında Değişiklikler

Ormanların yok oluşu yakın çevrede olduğu kadar dünya çapında da derin etkiler yaratacaktır. Ağaçlar yok olduktan sonra seller ve erozyon onların yerini alacaktır. Toprak kısa sürede verimliliğini kaybedecektir, çünkü topraktaki besinleri tutan, yağmurlarla sürüklenip yok olmasını engelleyen bitkilerdir.

Amazon ormanlarının tahribi dünyanın iklimini de etkileyebilecektir. Ormanlar fotosentez sırasında çok büyük miktarlarda karbon diyoksit soğurarak oksijen bırakırlar. Ağaçlar yok olduğunda atmosferdeki karbon diyoksit miktarı artar, bu da dünyanın ortalama sıcaklığını artırır.

Tropikal yağmur ormanları yalnızca kereste elde etmek için değil, aynı zamanda ekim alanı açmak ya da hayvan çiftlikleri kurmak için de yok edilmektedir. Orman içinde küçük bir parça arazi temizlendikten, yolu açıldıktan sonra buraya yerleşen insanlar, ormanın geri kalan kısmını da yok etmeye başlamaktadır. Ne yazık ki, temizlenmiş toprak kısa zamanda zayıflamakta, böylece yeni orman parçalarının tahrip edilmesi gerekmektedir. Sonuçta orman içinde bitkileri kesilerek, kalan kök ve dallar yakılarak yaratılan bu tarlalar, ormanları çorak, çıplak arazilere dönüştürmektedir. Bir tropikal ormanın yeniden gelişip topraktaki verimliliği arttırması için 150 yıllık bir süre gerekir. Ancak orman, bu sürekli yer değiştiren tarımın yarattığı tahribat çok yoğun olmadığı sürece varlığını sürdürebilir. Burada önemli olan nokta yeniden yetişen bir tropikal ormanın hemen tarıma açılmamasıdır. Eğer açılırsa toprak tümüyle fakirleşir ve bu alanlarda yalnızca eğreltiotları ve herhangi bir değeri olmayan bitkiler yetişebilir.

Amazon ormanları bir başka tehlikeyle daha karşı karşıyadır. Brezilye Hükümeti Amazon havzasında birçok hidroelektirik santral kurmayı amaçlamaktadır. Bu santrallerle ormanlar sular altında kalacak, birçok ırmak göl haline dönüşecek ve ekolojik sistem tümüyle değişecektir. Ayrıca zengin boksit, elmas, demir, kalay ve bakır yataklarının işletmeye açılması için orman içinde demiryolları ve karayolları inşa edilmektedir.

Yeni Hedef

Doğal çevreyi korumaya çalışanlar, eşsiz tropikal türlerin yok olmaması için savaşmaktadır. Ormanın ticari amaçlarla kullanımına yeni bir yön verilmesi ve tahrip olmuş alanlara fidanlık kurulması yok olma sorununa bir ölçüde çözüm getirebilir.

Gmelina, okaliptüs ve diğer subtropikal çam cinsleri gibi çabuk büyüyen ağaçları kapsayan fidanlıklar, doğal bir ormanın bir yılda verebileceği kereste miktarından daha fazlasını verebilir, hem de sürekli olarak. Ne yazık ki, günümüzde bu tip fidanlıkların kereste için yetiştirilmesi tam anlamıyla gerçekleştirilememektedir. Bu tip projelerin ekonomik olarak yaşayabilmeleri için üzerlerinde daha çok düşünülmesi ve iyi planlanması gereklidir.

Bu tür ticari girişimler, elde kalan ve daha hiç dokunulmamış olan yağmur ormanlarının üzerindeki baskıyı azaltabilir ve buraları milli parklar haline getirilebilir. Prof. Jurgen Haffer başkanlığındaki Batı Alman bilim adamları, bir süre önce bu türden yaklaşık bir düzine kadar özellikle zengin orman alanı ortaya çıkarmıştır. Bu "ilk kurtarılacak" ormanlar açıktır ki, günümüzden yaklaşık 50.000 yıl önce, kurak, Pleistosen Devriyle birlikte yağmur ormanları daraldığında, hayvan ve bitki türleri için bir sığınak haline gelmişti. En geniş canlı türleri çeşidini barındıran bu bölgeler, eğer insan sömürüsünden korunabilirse, çoğu türlerin varlığını sürdürmesi mümkün olacaktır. Bu koruma alanları, ayrıca sekiz ana bitkisel bölge ile birleştirilebilir; her bölge, kendine özgü bitki ve hayvan türlerini barındırabilir.

Koruma Alanlarının Tasarımı

Ekolojideki kuramsal gelişmeler, özellikle 1960'ların sonuna doğru Robert MacArthur ve Edward Wilson'un geliştirdiği "ada biyocoğrafyası" kuramı, doğayı korumak için ayrılacak olan bu koruma alanlarının tasarımına yardımcı olmaktadır. Bu kurama göre, parçalanmış bir yerleşim "adası" ne kadar küçük olur ve çevresinden ne kadar çok yalıtılırsa, bu "adada" yaşayan türlerin de yok olma hızı o kadar artar. Yalıtılmış ve küçük bir nüfusun yok olma olasılığı oldukça fazla, bölgeye gelecek yeni bireyler tarafından yeniden canlandırılma olasılığı ise oldukça düşüktür. Ekologlar matematik modeller yardımıyla, ormanların %1 azalması halinde bu alanlarda yaşayan yaklaşık 1 milyon türden sadece 250 bininin varlığını sürdürebileceğini hesaplamışlardır. Kabaca, yaşam alanının aritmetiksel olarak azalması, yaşayan türlerin sayısında geometrik bir azalmaya yol açmaktadır. Böylelikle Amazon ormanlarının % 10'unun kurtarılması, buradaki türlerin en iyi olasılıkla % 50'sini kurtaracaktır. Buna karşılık, ormanların % 20'si korunabilirse (özellikle bu %20, tür çeşitliliğinin yüksek olduğu bölgeleri içeriyorsa), hemen hemen tüm bitki ve hayvan türleri varlığını sürdürebilir. Bu alanların çevresinde oluşturulacak yaklaşık 10 km genişliğinde bir tampon bölge ise buraları yapaylıktan bir ölçüde kurtaracaktır.

Her koruma alanı belli bir büyüklüğün üzerinde olmalıdır, çünkü küçük bir "ada", az bulunan türlerin hızla yok olmasına neden olur. Princeton Üniversitesinden John Terborgh'un çalışmalarına göre bir tür kuş topluluğunun yok olma hızını bir yüzyıl boyunca % 1'de tutabilmek için, bir koruma alanının en azından 2500 kilometrekare olması gerekmektedir. Dünyadaki birçok koruma alanı bundan çok daha küçüktür.

Atılan Adımlar

Brezilya Orman Bakanlığından Gary Wetterberg'e göre ormanları koruyabilmek için toplam 185 000 kilometrekare alan ayrılacaktır. Bu plana göre, her bölge içinde 2500'er kilometrekarelik 3 koruma alanı bulunacaktır. Ayrıca burada yaşayan hayvan türlerini koruyabilmek amacı ile birçok park kurulacaktır. Bu parkların planlaması ve gerçekleştirilmesi için Brezilya, Dünya Yabanıl Yaşam Fonundan yardım almaktadır.

Bugüne kadar Brezilya'da Amazon Ulusal Parkı adında yüzölçümü 10.000 kilometrekare olan büyük bir park kurulmuş ve Rio Negro Ulusal Parkı adında 50.000 kilometrekarelik bir alana yayılmış yeni bir parkın kurulması da önerilmiştir.

Bu iki park Brezilya'nın Amazon bölgesinin sadece % 5'ini koruyacaktır. Ama Brezilya Hükümeti bir yandan da ormanın doğal yaşam bakımından en zengin olan bölgelerinde tarım ve hayvancılığı teşvik etmektedir.

Brezilya'nın komşuları, Amazon ormanının ülkelerindeki kısımlarını koruyabilmek amacıyla bazı olumlu adımlar atmışlardır.

SORULAR

1. Amazon ormanları niçin soluk alamamanın eşiğine gelmiştir?
2. Amazon ormanlarından hangi alanlarda kullanılmak üzere ne tür ürünler elde edilmemektedir?
3. Peter Raven'e göre Ay'ı incelemek mi yoksa yağmur ormanlarını incelemek mi daha önemlidir? Niçin?
4. Tropikal yağmur ormanlarının yok edilmesinin nedenleri nelerdir?
5. Tropikal türlerin yok olmaması için ne tür çözümler bulunabilir?
6. Ada biyocoğrafyasının amacı nedir?

İNSAN AKLININ ÖLÇÜMÜ

Kevin McKEAN

Bilim adamları arasında zeka testlerine ilişkin fikir ayrılıkları Washington Üniversitesinden Earl Hunt, "IQ (Intelligent Quatation-Zeka Bölümü) testlerinin kavrama yeteneğini gerçekten yansıttığına dair bilimsel deliller söz konusu" diyor: "Zeka testi, psikolojinin en büyük teknolojik katılımı denilebilir." Bu görüşün kaşısındakiler ise, IQ'nun birçok kusurunun, onu yararsızlaştırdığını öne sürüyorlar. Söz gelimi, biyolog-yazar Stephan Jay Gould, kafa çevresini ölçmekle bir insanın zekasının belirlenebileceğini iddia eden ondokuzuncu yüzyıl bilimine benzetme yaparak, "zekanın

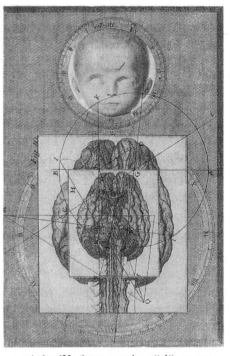

basit bir sayı olarak ölçülmesi, kranijometrinin (Kafatasının iç güdü ve yeteneklerle olan ilgisini inceleyen bilim dalı) yirminci yüzyıl uyarlamasıdır." diyor. Sinir hastalıkları uzmanı Norman Geschwind, kişiliği, hareketleri, kavrama yeteneği bütünüyle yıkıma uğrayan, beyin hasarı geçirmiş kişilerin bile neredeyse dahilerin IQ derecelerine ulaşabildiklerine işaret ediyor ve IQ metodunun iflas ettiğini kanıtlamaya çalışıyor.

Bazı genç kuramcılar da, zeki olmanın ne anlama geldiğine ilişkin yeni ve daha gerçekçi tanımlar yaparak IQ'nun tarihe karışmasını sağlamaya çalışıyorlar.

Yeni kuramların ortak noktaları insancıl bir bakış açılarının olması. Yeni kuramcılar IQ'nun tuzaklarını unutmayarak kavramsal psikoloji ve sinirbilimden aklı, karmaşık bir yetenek ağı biçiminde tanımlamak için ödünç aldılar: gerçekçi problemleri kullanarak, yeni zeka testleri yarattılar. Zeka tanımında ülkesel, kültürel farklılıkları gözönünde bulundurdular. Zekanın genlerle çevre arasındaki ilişkilerin sonucu olduğunu tartıştılar. Ve zekanın çoğunun öğrenilmiş yeteneklerden oluştuğunu öne sürdüler. Şimdi de birçok kuramcı, bu saptama doğrultusunda, onu öğretmek için programlar tasarlıyor.

Çağdaş zeka anlayışının kökleri, bir avuç bilim adamının bu terim için tanımlar aradığı yirminci yüzyıl başlarına dayanıyor. Francis Galton, zekayı basit tepki süresi testleri kullanarak ölçmeye çalıştı. Fransız psikolog Alfred Binet, 1905'te özel olarak eğitilmeleri gereken zeka özürlü okul çocuklarının ayırımında yönetime yardım etmek için ilk çağdaş IQ benzeri testi yayımladı.

Adlandırıldığı gibi "Stanford-Binet" testi, kendisine IQ testi uygulananlara tanıdık gelecek problemleri içeriyordu: Sözcük soruları, mantık, akıl yürütme, bir sayı dizisini tamamlama soruları gibi. Binet'in skalası "zeka yaşı" terimiyle adlandırılan bir ölçü oluşturdu. Terman ise, kendi yarattığı ölçüyü zekâ bölümü (IQ) diye adlandırdı. IQ, öznenin zeka yaşının, fiziksel yaşına bölünüp, yüzle çarpılmasıyla elde ediliyordu (Böylece altı yaş düzeyinde başarı gösteren bir altı yaş çocuğu 100 IQ'ya sahip olacaktır; eğer dokuz yaş düzeyinde başarı gösterirse IQ'su 150 olacaktır.) Binet, testini bir eğitim aracı olarak anlamlandırırken, Terman'ın erişkinlerin yaygın testlendirilmesine yönelik sınırsız tutkuları vardı. Ona göre, zeka testlerinde binde on gibi büyük oranda yetersizlik gösterenler, gözetim altında tutulmalı; böylece toplumun korunması sağlanmalıydı. Bu uygulama eninde sonunda geri zekalılığın çoğalmasını önleyecek, aşırı boyutlardaki suç, fakirlik, endüstriyel verimsizliğin ortadan kalkmasıyla sonuçlanacaktı.

Terman'ın toplum taraması rüyası kısa zamanda anlaşıldı. Bu rüya Herward'da psikolog olan Robert Yerkes'i, Birinci Dünya Savaşı sırasında, ordudaki 1.75 milyon ere test uygulamaya yönlendirmişti. Koşulların zorluğundan (testlerin yapıldığı yerler o kadar kalabalıktı ki, arkada oturan askerler açıklananları güçlükle duyuyorlardı) ya da erlerin yeteneklerinin yetersizliğinden ortalama zeka yaşı 13 çıkmıştı. Testi oluşturanlar böylesine düşük puanlar karşısında dehşete düştüler. Fakat ırksal ve ülkesel başarısızlıkların günün önyargılarına uyduğunu görüp cesaretlendiler: Yerkes'in yandaşı Carl Campbell Brigham, Kuzey Avrupalıların 13,28; Orta Avrupalıların 11,67; Akdenizlilerin 11,43; Siyahların 10,41'lik zekâ yaşlarını hesapladı.

Böyle bir IQ testinin kendisine ilk uygulanışını anımsayan Psikolog Harward Gardner, "Belki de bu testlere ilişkin kuşkularım o günlere dayanıyor." diyor.

Gardner, Harward'ı bitirdikten sonra felsefe ve sosyoloji öğrenimi için İngiltere'ye gitti. Döndükten sonra doğuştan yetenekli çocuklar ve beyni zedelenmiş hastalar üzerinde çalıştı.

Boston V.A. Hastanesinde aklı, hangi hastalık ya da hasarın zedeleyeceği konusunda gördüğü kesin farklılık, Gardner'in dikkatini çekti. Beyinlerinin sol yarım küresi zedelenmiş olarak gelen hastalar, sağlam sağ yarım küreleri sayesinde şarkı ve lirikleri söyleyebiliyorlardı. Buna karşın, konuşma yeteneklerini yitirmişlerdi. Sağ yarım küre hastaları ise, kusursuz okuyabiliyorlardı ama, ne okuduklarını yorumlayamıyorlardı. (Gardner'in bulguları, satır aralarını okuma yeteneğinin büyük ölçüde sağ yarım kürenin işlevi olduğunu gösterdi).

Bu deneyler Gardner'i zekanın, zihnin tek bir gücü olmaktan çok öte, beynin farklı alanlarından kaynaklanan bir dizi düşünsel yetenekten oluştuğu fikrine götürdü.

Gardner, Frames of Mind adlı kitabında zekanın en azından yedi kategoride toplanabileceğinden söz ediyor. Bunlardan üçü geleneksel; sözel, matematiksel ve boyutsal fakat, diğer dördü tartışmaya yol açtı. (müzik yeteneği, vücut yetenekleri, başkaları ile ilişkilerdeki beceri, kendini tanıma). Çünkü bunlar zekanın alışılmış anlamından çok uzaktılar.

Gardner, yedi yetenekten her birinin, beynin belli bir parçasını zedelemekle hasara uğratılabileceğini savunarak, şunları söylüyor: "Altıncı hissinin kendisine basketbol topunu nereye fırlatacağını bildiren bir atleti ele alalım. Takım arkadaşları ve rakipleri nerede bilmek zorundadır; onların nereye gideceklerini kestirip analiz, çıkarsama, plan, problem çözme yeteneklerini ne yapacağına karar vermek için kullanır. Bir dizi farklı zeka tipi, kararlarında rol oynar. Fakat şu kesindir ki, yalnızca vücut hareketleri için bile akıl yürütme işlemi uygulanır."

Gardner, kültürel farklılıkların üzerinde durduğundan IQ benzeri bir skala tanımlamayı reddediyor.

Bu kadar ılımlı bir yaklaşımdan esinlenen Yale Üniversitesinden psikolog Robert Sternberg, çocukların zeka testlerinden çok korktuğunu, donup kaldıkları için hep başarısız olduklarını anlatıyor.

Sternberg'in üç köklü teorisi, zekayı üç parçaya ayırıyor. Birincisi Sternberg'in özellikle üzerinde durduğu, kişilerin plan yaparken ve görevlerini yerine getirirken kullandıkları zihinsel mekanizmalar. İnsanlar bu yetenekler sayesinde plan yapıp problemlerini çözüyorlar. Sternberg'e göre planlama, saf zihin hızından daha önemli. Söz gelimi testlerde başarılı olanlar, soruları cevaplandırmadan önce, onları sindirmek için, başarısız olanlardan daha fazla zaman harcıyorlar.

Teorinin ikinci parçası deneylerin katkısı; zeki insan yeni problemleri çabucak çözmekle kalmıyor, benzerlerini otomatikman çözerek başka işler için kafasını serbest bırakmak amacıyla kendisini eğitiyor da.

Pratik zeka üstünde odaklanan üçüncü paça, Sternberg'in "sözcüklerle ifade edilemeyen bilgi" dediği şeye dayanan sağ duyuyu öne sürüyor. Bu kabaca okullarda asla öğretilemeyen bütün önemli şeyleri içeriyor.

Sternberg aynı zamanda pratik zekaya yönelik bir dizi test hazırladı. Testlerden bazıları iş hayatında, politikada ya da bilimdeki şaşkınlık uyandıran bazı noktaları soru biçiminde ortaya atıyor. Diğerleri sözsüz tavırlara karşı testçinin duyarlılığını araştırıyor. Soru tiplerinden biri; fotoğraf içinde iki insanı göstererek, hangisinin patron, hangisini memur olduğunu soruyor (patron genellikle yaşlı ve daha iyi giyinmiştir ve gözlerini başka bir noktaya kaçırmaya eğilimli olan memurun doğrudan yüzüne bakar). Bu tür soruların amacı insanlara patronları tanımayı öğretmek değil, zeka testlerini daha gerçekçi yapmak. Sternberg, standart IQ testlerinin insanların okul başarılarını önceden saptamakta kullanılabileceğinden, ancak iş başarıları ile çok küçük bir bağlantılarının varlığından söz ediyor.

Discover'den Çeviren : Güliz ÖZGEN

SORULAR

1. IQ testlerinin kullanım alanları nerelerdedir? Yararları veya zararları hakkında bilgi veriniz?

2. Çocuklara küçük yaşlarda zeka testi uygulanmasının toplum açısından önemi nedir?

3. Zeka ülkelere ve ırklara göre farklılık gösterir mi? Neden?

4. Zeka ve yetenek arasında bir ilişki var mıdır? Varsa bunlar hangi tür yeteneklerdir?

5. Pratik zeka nedir? Nasıl açıklanabilir? Hangi alanlarda bize yardım sağlar?

ÖLÜMÜN EŞİĞİNDE

Önce bir zil sesi; karanlık bir tünelden geçiş; vücudun dışına çıkış; ölen arkadaşlarını görür gibi olmak... sonra ışıktan bir varlıkla karşılaşma; bir engelin ortaya çıkışı, daha sonra büyük bir coşku ve huzur... derken vücudun gerçeklerine dönüş ve hayal kırıklığı! Psikiyatr Raymond Moddy'e göre ölümden dönen insanların ortak deneyimleri böyle.

Bu "Ölüm Eşiğindeki Deneyim"ler (ÖED) gerçekten "öbür dünya"ya mı aittir? Yoksa, ölmekte olan bir beynin yarattığı birer sanrı mıdır?

Moddy, 1975'te yayımlanan "Yaşam Sonrası Yaşam" adlı kitabında, tıbbi olarak ölü kabul edilmiş ama sonra yeniden yaşama dönmüş 100 kadar insanın deneyimlerini incelemiştir. Anlatılan öykülerin birbirine çok benzediğini fark eden Moddy, bunlarda 15 ortak öğenin bulunduğunu saptamıştır. Bu ortak öğelerin hepsi her olayda yer almamakla birlikte, bu öğelerin ortaya çıkış biçimleri ÖED'nin çok *özgül* bir olgu olduğunu düşündürmektedir. Moddy, elinde istatistiksel veri olmadığı için, bu çalışmanın bilimsel bir nitelik taşımadığını söylemektedir. Ama yine de, "öbür dünya"ya özgü olduğu sanılan bu öyküler, konu üzerindeki araştırmaların yaygınlaştırılması için yeterlidir.

1977'de Amerika'da OED üzerine bilimsel araştırma yapmak amacıyla bir dernek kuruldu. Nörolog, kardiyolog, psikolog ve psikiyatrları da içeren 250 üyeli bu derneğin yaptığı araştırmalar, tutarlı sonuçlar vermiştir.

Connecticut Üniversitesi (ABD) psikoloji bölümünde öğretim üyesi olan Dr. Kenneth Ring, ölümden dönen 102 kişiyle görüşme yapmış ve bunların yaklaşık yarısının Moddy'in hastalarında görülenlere benzer ÖED'ler yaşadıklarını saptamıştır. Diğer bazı araştırmalarda da benzer sonuçlar elde edilmiştir. Ring, Moddy'nin saptamış olduğu 15 öğeyi bu 5 ana grupta topladı. Ortaya çıkışlarına göre sıralanan bu 5 grup şunlardır: huzur ve kendini iyi hissetme duygusu; vücuttan ayrılma; karanlığa girme; ışığı görme ve ışığa girme.

Ring, ilk başlarda çıkan öğelerin ölümden dönenlerin çoğunda görüldüğünü, daha sonra ortaya çıkanlarınsa o kadar sık olmadığını saptamıştır. Bu noktadan hareket eden Ring, ölüme ne kadar yaklaşılırsa, hissedilen öğe sayısının o kadar arttığını ileri sürmektedir. Ring'in araştırması, ölüme yaklaşım yolları farklı olsa bile hissedilen ana öğelerin değişmediğini göstermektedir. Ring, ayrıca, yaş, cinsiyet ve din gibi etmenlerin, ÖED'nin biçim ve içeriğini ya da bireyin bunlara tepkisini etkilemediğini saptamıştır.

Eğer ÖED'ler, düşünüldüğü gibi kültürden etkilenen sanrılar olsaydı, kültürel farklılıklara bağlı olarak deneyimlerin de farklı olması gerekirdi. Ama gerçek bu değildir. Karlis Osis ve Erlendur Haraldsson adlı psikologlar, Amerikalılar ve Hinduların, aralarındaki kültürel farka karşın, ÖED'ler açısından temelde bir fark göstermediğini saptamışlardır.

Tüm bunlar, ÖED'nin tutarlı bir örüntüsü olan özgül bir olgu olduğunu düşündürmektedir. Ama bu, bireylerin ölüme gerçekten yaklaştıkları anlamına gelir mi? Bu soru yersiz değildir, çünkü yinelenen hayaller ve duygular, insan beyninin, tüm insanlarda birbirine benzeyen ölüme yaklaşma sürecinden kaynaklanıyor olabilir.

Huzur Veren Görüntüler

Önce huzur duygusu ortaya çıkar. Ölümle yüz yüze gelen bir kişinin korkuya kapılacağı sanılır, ama ÖED'lerde genel izlenim huzur, hatta neşedir. Bu nasıl açıklanabilir? Bu olguya psikolojik, nörolojik ve farmakolojik bir dizi açıklama getirilmiştir. Bazı psikologlar, ÖED'leri bir "kişilikten sıyrılma" biçimi, yani kişinin kendisini korku verici deneyimlere karşı korumak için kullandığı bir savunma mekanizması olarak değerlendirmektedir. Başka bir görüşe göre, beyin oksijen açlığı çektiğinde, kendini iyi hissetme duygusu doğal olarak ortaya çıkmakta, bunu da sanrılar izlemektedir. Bu sanrılar, ÖED'lerdeki "mistik" hayallerin kaynağı olabilir. Beyinle ilgili diğer bir kurama göre de, beyin, ölüme yaklaştıkça, doğal ağrı kesiciler olan endorfinlerin salgılanmasını arttırır. Endorfinler de, huzur ve yükselme - Vücuttan Uzaklaşma Deneyimi (VUD)- duygularını ortaya çıkarır.

VUD, ölüme yaklaşanlarda sık olarak görülmekle birlikte, başka durumlarda da ortaya çıkabilmektedir. Araştırmalar, insanların yüzde 10'unun bu duyguyu hissetmiş olduğunu göstermiştir. VUD çok değişik koşullar altında ortaya çıkabilmekte, hatta bazı insanlar bu duyguyu kendi iradeleriyle yaratabilmektedir. Bazı insanlar, kendi vücutları "dışına" çıktıklarında ikinci bir vücuda sahip olduklarını belirtmişlerdir. Ama VUD'u yaşayanların çoğu, kendilerini, baktıkları yerde bir nokta olarak algılamaktadır. Ölümle yüz yüze gelen hastalar, kendilerini genellikle ameliyat masasında, hekimler ve tıbbi araçlarla çevrili olarak görmektedir.

VUD'a da akla yatkın açıklamalar getirilebilir, özellikle ÖED bir ameliyat sırasında ortaya çıkmışsa. VUD, anestezinin, "ayrıştırıcı" etkisi sonucu ortaya çıkıyor olabilir. Anestezide kullanılan maddelerin, hastanın kendisini vücudundan ayrılmış hissetmesine neden olduğu bilinmektedir. "Kişilikten sıyrılma" kuramı, VUD'u psikolojik terimlerle açıklamaktadır. Bu kurama göre, VUD, insanın "kaçış" yoluyla kendini savunma mekanizmasıdır.

Bir tünelde yürüme duygusu sık rastlanan bir ÖED'dir. Bazı insanlar kanalizasyon boruları içinde hareket ettiklerini belirtirken, bazıları da metro gibi hızla hareket ettiklerini ya da yıldızlardan oluşan tünellerden geçtiklerini söylemektedir. Hayal edilen şey ne olursa olsun, "karanlık içinde hareket etme" duygusu, deneyimin odak noktasını oluşturmaktadır. Ama bu durum yalnızca ÖED'lere özgü değildir, LCD, marihuana ve psilosibin gibi sanrı yaratıcı ilaçların etkisiyle de ortaya çıkabilmektedir. Bu ilaçlar, geçmiş olayların canlı görüntülerinin oluşmasına ve vücuttan uzaklaşma duygusunun hissedilmesine de yol açabilmektedir. Ronald Siegel'in sanrı yaratıcı ilaçlar üzerine yaptığı araştırma, ÖED'nin merkezi sinir sisteminin uyarılması sonucu ortaya çıkan bir sanrı olduğunu göstermektedir. Öte yandan, tünelden geçme duygusunun, beynin görme duyusuyla ilgili bölgelerinin yapısı ve örgütlenmesine bağlı olduğunu gösteren bazı kanıtlar da elde edilmiştir.

Tünelin sonunda genellikle bir ışık görülür. Bazıları bu ışığın içine girerler ve orada "ışıktan bir varlık" tarafından karşılanırlar. Bu deneyim, Ring'in 5 grupta topladığı öğelerden, ölüme en çok yaklaşıldığında ortaya çıkanıdır. Bu görüntü, Hıristiyanlıktaki cennet düşüncesiyle uyum içindedir, ama farklı kültürlerden insanları içeren araştırmalar bu ışıklı dünya görüntüsünün, Batı'da olduğu kadar Doğu'da da ortaya çıktığını göstermiştir. Ölümle yüz yüze gelen bazı insanlar, yaşantılarının bir film şeridi gibi gözlerinin önünden geçtiğini görür ve geçmişlerini değerlendirirler. Bu deneyimle, boğulma tehlikesiyle karşı karşıya kalmış insanların aktardıkları benzer deneyimler arasında bir bağ olduğu düşünülebilir.

Bu olgu, ameliyat öncesi anestezinin beyindeki karbondioksit miktarını arttırması sonucu ortaya çıkan bir sanrı olarak ele alınabilir. Bu sanrının beynin kendisi tarafından yaratılıyor olması da mümkündür. Beynin şakaklara yakın bölgelerinin uyarılması, ölümle yüz yüze gelen insanlarda olduğu gibi, geçmişe ait görüntülerin canlanmasına neden olabilmektedir. Bu tür deneyimler, yapay uyarım ya da sara nöbeti sonucu ortaya çıkabilmektedir. Bazı bilim adamları, ölümle yüz yüze gelmenin yarattığı gerilimin beynin şakaklara yakın bölgelerini uyardığını ve sanrılara yol açtığını ileri sürmektedir.

Kişiler, ÖED sırasında bir noktaya geldiklerinde artık "geriye dönme"leri gerektiğini hissetmektedirler. Bazıları, kendi vücutlarını gördüklerinde, onu terk edemeyeceklerini fark etmektedir. Bazıları da çocuklarını düşünmekte ve geriye dönme isteği duymaktadır. Bazıları ise "ışık dünyası"nda yol almayı sürdürmekte ama bir engelle karşılaşmakta -örneğin bir duvarla ya da simgesel bir nehirle- ve onu geçememektedir. Diğer bazı kişiler de kendilerine henüz ölme zamanlarının gelmediğini söyleyen sesler duymaktadır. ÖED sona erdiğinde, kişi genellikle hayal kırıklığı içinde vücuduna geri dönmektedir.

Geleneksel Cehennem Görüntüsü

ÖED'lerin çoğu haz verici nitelikte olmakla birlikte, bazı kişiler cennetten çok cehennem tanımına uygun korkutucu deneyimler yaşamaktadır. Bu kişilerin deneyimleri neden karabasanlara benzemektedir? ÖED'leri sanrılar olarak açıklayan modele bağlı kalacak olursak, karabasan gibi deneyimleri "kötü uçuş"lara benzetebiliriz.

Ölümle yüz yüze gelen insanların yaşadıkları bu garip deneyimleri açıklamaya ne kadar çalışırsak çalışalım, şu soru yanıtsız kalacaktır: bu insanlar gerçekten "öbür dünya"ya gidip geri dönmüşler midir? Birçok bilim adamı bu kişilerin daha sonra yaşama dönebilmiş olmaları nedeniyle tam anlamıyla ölmüş sayılamayacağını ileri sürmektedir. Öte yandan, Amerikalı kardiyolog Dr. Fred Schoonmaker, 50'yi aşkın olayda, hastanın EEG'sinin düz bir çizgi haline geldiğini, yani beyin ölümünü gösterdiğini, ama hastanın sonradan canlandığını ve bazı deneyimler yaşamış olduğunu anlattığını söylemektedir.

Bristol Üniversitesinden (İngiltere) Sue Blackmore gibi bazı psikologlar, ÖED ve VUD'un birer hayal ürünü olduğunu ve "bilincin farklı bir durumu" nedeniyle gerçek gibi algılandığını ileri sürmektedir. Bu deneyimlerin ölümle herhangi bir ilişkisi olmayabilir, ama olabilir de. Belki de ölüm yalnızca "farklı bir durum"dur.

SORULAR

1. ÖED'ler yaşayan insanlarda tespit edilen ana özellikler nelerdir? Bunların ortaya çıkış dereceleri neye bağlıdır?
2. Kültürel farklılıkların ÖED yaşayan insanlar üzerinde etkisi var mıdır? Açıklayınız.
3. ÖED yaşayan insanlarda ilk olarak görülen huzur duygusu nasıl açıklanabilir?
4. VUD nasıl açıklanabilir? Siz hiç böyle bir deneyim yaşadınız mı?
5. Ölüme en çok yaklaşıldığını gösteren deneyim hangisidir? Sizce bu deneyimin toplumun kültürel ve inanç yapısıyla bir bağlantısı var mıdır?
6. ÖED sırasında kişiler niçin geri dönme isteği duymaktadırlar?

BURNUNUZDAKİ
PUSULA

Başınızda bir mıknatıs var. Burnunuza yakın kemikler içindeki maden zerrecikleri, yerin manyetik alanına cevap vermekteler. Bu yeni buluş, gizemli "Altıncı Duyu" konusunda geniş bir araştırma alanı açıyor. Artık, "burnunun doğrultusuna gitmek", akıllıca bir hareket tarzı gibi görünmekte.

İnsan vücudunun da gerçek bir pusula taşıdığını ilk kanıtlayan, gözleri bağlanmış 31 gençten oluşan bir grup denek oldu. Puslu bir günde otobüsle rüzgarlı kır yollarından bilinmeyen bir yere götürülen bu gençlerden 5 km uzaklıktaki okulun yönünü göstermeleri istenmişti.

Her denek, başında esnek bir bantla bağlanmış madeni bir halka taşıyordu. Hepsine bu madeni halkaların mıknatıs olduğu ve bunların insanın yön duygusu üzerindeki etkisini saptamak için deney yapıldığı söylenmişti. Gerçekte, grubun yalnızca yarısı mıknatıs taşıyordu. Diğerlerinde gerçek mıknatıslarla aynı büyüklük, biçim ve ağırlıkta, manyetik olmayan pirinç halkalar vardı.

Deney yöneticisi, İngiltere Manchester Üniversitesinden zoolog Robin Baker, üssün yönü konusunda yapılan tahminleri not etti. Sonra deneyin tekrarlanması için denekler otobüsle bu kez okulun öbür yanında yine 5 km. uzağa götürüldüler.

Sonuçlar ilginçti ve sonradan yapılan daha dikkatlice denetlenmiş deneyler de bunların doğruluğunu gösterecekti. Bir kez, sahte pirinç "mıknatıs" takılanlar, okulun yönünü anlamlı bir istatistik doğrulukla gösterebilmişlerdi. İkinci olarak, gerçek mıknatıs taşıyanlar, yerlerini doğru olarak belirleyememişler ve tahminleri genellikle saat yönünün 90 derece tersine bir yanılma göstermişti.

Asıl önemli bulgu da bu ikincisidir. Birincisi kendi başına hiçbir şey kanıtlamaz. Bulundukları yönü doğru tahmin eden denekler kısa yolculuk sırasında otobüsün nereye gittiğini bir şekilde anlamış ve böylece bulundukları yeri çıkarmış da olabilirler. Oysa ikinci bulgu, deney sonuçlarının tek akla uygun açıklamasının bir manyetik "altıncı duyu" olabileceğini göstermektedir. Dünyanın doğal manyetik alanı maskelendiğinde veya gerçek mıknatıslarla bozulduğunda, gençlerin bulundukları yeri doğru tahmin etmeleri önlenmiştir.

Altıncı Duyu

Elbette manyetik "altıncı duyu" dan yararlanmanız için başınıza bir pirinç halka takmanız şart değil. Altıncı duyumuzu yolumuzu bulmakta çok sık, fakat farkında olmadan kullanırız. Belki iyi yön bulma özelliği olan insanlar manyetik alanlara özellikle duyarlıdırlar, fakat konumların ve dünyayı yersel terimlerle düşünmelerinin de önemli olduğu meydandadır. Gerçek şu ki, insanların manyetik duyusunun önemi konusunda çok az şey biliniyor, çünkü bunun varlığının saptanması ve onun günlük yaşantıdaki rolü konusunda yapılmakta olan çalışmalar henüz çok yeni.

Şimdi, Baker bu yeteneği sağladığı sanılan minik madeni parçacıkların tam yerini belirlemiş bulunuyor ki bu bulgu öteki canlılardan elde edilen çok tuhaf kanıtları desteklemektedir.

Gelişmiş hayvanlardan en çok güvercinler üzerinde çalışılmıştır ve son birkaç yıldır deneyler güvericinlerin dünyanın manyetik alanını kullanarak yollarını bulabildiklerini doğrulamakla kalmamış, ayrıca bundan sorumlu organı da saptamıştır.

Güvercinlerin çok büyük mesafelerden geçerek evlerine dönüşte güneş ve yıldızlardan yararlandıkları bilinir. Güvercinler yapay olarak değiştirilmiş gece-gündüz koşullarında yetiştirilerek, tam ters yönde "eve dönüşe" başlatılabilirler. Bunun nedeni güneş ve yıldızların konumlarına göre yol bulmada günün hangi saati olduğunu bilmenin gerekliliğidir. Fakat bulutlu bir günde, gökyüzünde görülebilecek hiç bir ipucu yokken bile bir güvercinin doğru rota bulabilmesi uzun süredir büyük bir bilmeceydi.

Güvercinlerdeki manyetik duyarlılık konusunu perçinleyen deney 1971 yılında Amerika'da Cornell Üniversitesi'nden William Keeton tarafından yapıldı. Keeton, bazı güvercinlerin sırtına küçük mıknatıslar, diğerlerine de benzer fakat manyetik olmayan pirinç ağırlıklar taktı. Bazı güvercinleri açık, bazılarını da bulutlu günlerde serbest bırakarak uçtukları yönleri not etti. Toplam olarak, Keeton dört grup güvercin uçurmuştu: pirinç ağırlıklarla güneşli bir günde, pirinç ağırlıklarla bulutlu bir günde, mıknatıslarla güneşli bir günde, mıknatıslarla bulutlu bir günde. Bütün bu güvercinlerden son grup dışında hepsi hemen doğru yöne uçabildiler. Bulutlu bir günde uçan ve mıknatıs taşıyan güvercinler yollarını tamamen kaybetmişlerdi.

Keeton'un deneyi, güneşin konumu nedeniyle bir ipucu yokken, güvercinlerin yollarını bulmakta dünyanın manyetik alanını kullanabildiklerini gösteren inandırıcı bir kanıttır. Ama güvercinlere güçlü bir mıknatıs takılacak olursa, güvercinler yollarını kaybederler, çünkü yapay alan, zayıf doğal alanı değiştirir ve onlara evin yolunu belirtecek hiç doğru ipucu kalmamış olur. Mıknatıslarla güneşli bir günde salınmış güvercinler yönlerini doğru olarak bulmayı başarabildikleri için, Keeton güvercinlerin manyetik bilgiden çok güneşe güven duyduklarını anlamıştı.

Keeton'un çalışmalarından sonra yapılan daha gelişmiş deneyler, güvercinlerin neyi algılayabildiklerini ve vücutlarının hangi parçasının bundan sorumlu olabileceğini göstermeye başladı. Küçük pillerle güç verilmiş özel bobinler kullanarak, güvercinleri "şaşırtan" yapay alanların yönünü değiştirmek mümkündür. Bu tür deneyler kuşun manyetik duyu organının gelişigüzel bir pusula gibi çalışmadığını göstermektedir. Bu organ, manyetik kuzey yönünü değil, manyetik alanın dünyaya doğru eğilimini algılıyora benzemektedir. Gerçekten de bu bilgi basit bir pusula yönünden çok daha yararladır, çünkü Güneşin konumundan alınan ipuçlarıyla birlikte, bu bilgi, teorik olarak, kuşa tam olarak nerede olduğunu söyleyebilir.

O halde güvercinlerin manyetik bilgiyi kullanarak yollarını bulabildiği görülüyor. Fakat bunu **nasıl** yaptıkları sorusu açıklanmamış kalıyor. Kanıtların ağırlığı birini favori yapmasına karşın şu anda belirgin çeşitli olasılıklar var gibi. Jeologların kaya kristallerinin manyetik özelliklerini araştırmak için geliştirdiği duyarlı bir aygıtı kullanarak, güvercinlerin kafatasının önü ile beyin arasında yer alan yüksek manyetik bir bölge bulundu. Muayene edilen her güvercinde bu minik doku parçasının bulunduğu görüldü; kimyasal özellikleri bunun demirli manyetit maddesini içerdiğini ortaya koyuyordu. "Manyetit", insanoğlunun manyetizmayı keşfetmesine yolaçan doğal manyetik minerale, yani mıknatıs taşına, jeologların verdiği addır.

Manyetik Bakteriler

Yine de, gerekli testler yapılıncaya kadar, güvercinlerin manyetik duyarlılığından manyetit içeren bu doku bölgesinin sorumlu olduğunu gösterir kesin bir kanıt yoktur. Buna rağmen, bu tezi destekleyici bir ipucu bakterilerden gelmektedir.

128

Manyetik bakteriler 1975'te Amerika'da Richar Blakemore tarafından keşfedildiler. Blakemore, bu küçük yaratıkları taşıyan mikroskop camının yakınına tuttuğu bir mıknatısla, onların yüzdüğü yönü kesin olarak etkileyebildiğini görmüştü. Bakterilerin manyetik kuzey doğrultusundaki kuvvet çizgileri boyunca yüzmeye çalıştıklarını gösterdi.

Güçlü mikroskop altında yakından incelenen manyetik bakterilerin - kimyasal analizlerde- manyetit olduğu anlaşılan uzun kristal madde zincirleri içerdikleri görülüyor.

Manyetik alanı algılayabildiği kabul edilen hayvanların listesi yıldan yıla büyümekte. Güvercin ve bakterilerden sonra, arılar herhalde en çok incelenenlerden. Böyle bir yetenek onlara kovan etrafında yol bulmada ve birbirleriyle yiyeceğin yeri konusunda haberleşmede yardım ediyor olmalı. Manyetit, bu haşerelerin karnının ön kısmında, arıların denge için kullandıkları organın yakınında bulundu. Aynı madde yunusların da kafasında keşfedildi. Sovyetler Birliği'nde yapılan deneyler de köpekbalıklarının dünyanın manyetik alanındaki oynamalara bağlı elektriksel değişimleri algılayabildiğini gösteriyor.

Hayvanların manyetizması konusundaki en ilginç olay, şüphesiz insan. Manyetik alanlara insanların duyarlılığı normalde zayıf ve az gelişmiş olmasına rağmen, eğitimle, şu anda bilimsel olarak saygı duyulan altıncı duyuyu belki daha iyi kullanmayı öğrenebiliriz.

SORULAR

1. Deneklerin yarısı yön bulmada doğru tahminde bulunurken diğer yarısı niçin yanlış tahminde bulundu?

2. Manyetik nedir? Ve neye yarar? Hangi canlılarda bulunur?

3. İnsanlarda "altıncı duyu" var mıdır? Varsa geliştirilebilir mi?

4. İnsanlarda yerkürenin manyetizmasıyla yön bulma yeteneğinin olduğu nasıl kanıtlanmıştır?

5. Güvercinlerin yön bulmasında etkili olan etmenler nelerdir?

SADECE BİR DERİ KALINLIĞI

Hepimiz, dünya nüfusunun birbirinden kolayca ayırt edilebilen gruplara ("ırk"lara) ayrıldığını varsaymaktayız. Bu grupların, deri rengi gibi fiziksel özellikler bakımından çarpıcı biçimde farklı olmaları, diğer özelliklerde de fark göstereceklerini düşündürür. Bu ırk yaklaşımı, değişik ırklardan gelen ortalama bireylerin birbirlerinden farklı olduğunu ve ayrıca her ırkın, üyeleri büyük oranda ortak genler taşıyan bir *arı nüfusu* temsil ettiğini öne sürmektedir.

Bu, insan tarihi içindeki bir çok felaketin sorumluluğunu taşıyan çok eski bir fikirdir. Örneğin Hitler'in Yahudilere saldırmasının gerekçelerinden biri, biyolojik olarak üstün bir ırk saydığı Ari ırkın karışmasını engellemekti. Ancak araştırmalar hiçbir nüfus grubunun genetik olarak arı olmadığını ve aynı grubun bireylerinin de büyük genetik farklılıklar gösterdiğini ortaya koymuştur. Dünyadeki genetik farklılıkların çoğu, nüfus gruplarının *içindeki* farklardan kaynaklanmaktadır.

İnsan genetiği üzerindeki son gelişmeler, nüfus grupları arasında ne kadar genetik farklılık olduğunu ve bu farklılığın dünya yüzündeki dağılımını ölçmemizi sağlamaktadır.

Afrikalı ile Avrupalının evliliklerinden olan çocukların renk dağılımı, deri pigmentindeki farklılıkların sadece 4 genin değişik biçimlerine bağlı olduğunu göstermektedir. Oysa insanda 100 000 adet işlevsel genin olduğu bilinmektedir. Şu halde, ırkları deri rengine göre ayırmak, insanın genetik mirasının ancak çok küçük bir bölümünü kullanmak demektir. İnsan ırkları acaba saf mıdır?

Sözgelimi, tipik bir İngiliz kasabasında (çoğu o kasabada doğmuş) insanları ele alırsak, kişilerin saç ve göz rengi gibi özellikleri arasında oldukça büyük farklar olduğunu görebiliriz. Bunlar, insanlar arasındaki farklılıkların sadece küçük bir bölümüdür. Örneğin, buradaki bazı insanlar dillerini bir boru gibi kıvırabilmelerine karşın diğerleri bunu yapamamaktadır. Bu yetenek bir dereceye kadar genetik olarak belirlenmektedir.

Kalıtımla Geçen Tad Alma Duyusu

Bu hipotetik kasabada yaşayan insanların bir kısmı, PTC adlı kimyasal bir maddenin keskin bir acı tadı olduğunu, diğerleri ise bu maddenin oldukça tatsız olduğunu belirtecektir. (Bu fark genetik olarak belirlenmiş tad alma farklılıklarından kaynaklanmaktadır). Bu konu, kauçuk buz kabı imalatçıları tarafından saptanmıştır. Bu kapların üretiminde PTC maddesi sertleştirici olarak kullanılmaktaydı; müşterilerinin yarısı kullandıkları buzlardan ötürü içkilerinin içilmez hale geldiğini ifade etmişlerdi.

Bu kasaba insanlarının hücre zarlarının yapısındaki kalıtımsal farklılıkları incelediğimiz zaman, bu bireyler arasındaki genetik farklar daha da belirginleşmektedir. Bu farkların saptanmasını sağlayan, bunların bir kişiden alınıp değişik hücre yapısına sahip bir başka kişiye aşılanması durumunda alıcıda bir bağışıklık tepkisinin (özel bir savunma proteininin üretilmesi) meydana gelmesidir.

Kan gruplarındaki A, B ve O grupları bu farklılıkların bir başka bilinen örneğidir. Ancak, insan hücre zarı yapısındaki çok büyük farklılıkların sadece çok küçük bir kısmıdır bunlar. *Histolojik olarak uygun antijenler* arasındaki farklılıkların tıp alanındaki önemi çok büyüktür. Organ nakilleri sadece benzer antijen taşıyan bireyler arasında mümkündür. Ancak örneğimiz olan bu hipotetik kasabada benzer antijenleri paylaşan iki birey bile yoktur. Yani bu kasabadaki iki kişi arasında organ nakli mümkün değildir.

Yeni biyokimyasal yöntemler yardımıyla hücre proteinleri arasında oldukça büyük farklılıklar saptanmıştır. Bu proteinler, her biri elektriksel olarak yüklü olup, *jel elektroforezi* adı verilen bir teknik ile birbirinden ayrılabilir. Elektrik akımı uygulandığında elektriksel olarak yüklü moleküler bir elekten geçerler. Değişik bireylerden rasgele 70 çeşit protein elde edilmiş ve elektroforez sonucu bu proteinlerin 1/4'ünün değişik genetik karakteristikleri olduğu saptanmıştır. Bu da, aynı ırktan olan insanlar arasında ne kadar büyük farklar olabileceğinin bir göstergesidir.

Her insan topluluğunun kendi içinde oldukça büyük genetik farklılıkları vardır ve genetik olarak saf insan tipi temsil etmesi mümkün değildir. Her birey diğerinden farklı bir yapıya sahiptir. Hipotetik kasabamızda, ikiz kardeşler dışında, bütün bireyler tek ve kendine özgü bir yapıya sahiptir ve şimdiye kadar yaşamış olan bütün insanlardan biyolojik olarak farklıdır.

Buna karşın, bazı genler, dünyanın coğrafik yapısına göre bir dağılım göstermektedir. Örneğin esmer ten Avrupa'dan çok Afrika'da yaygındır. Bu farkın, insanın vücudundaki sterolleri, güneş ışığının etkisiyle D vitaminine dönüştürme yetisiyle ilgili olduğu sanılmaktadır. D vitamini eksikliği raşitizm hastalığına neden olur; fazlası ise vücut için zehirleyicidir. Vücuttaki koyu melanin, güneş ışığını süzerek aşırı miktarda D vitamini oluşmasını önler. Dolayısıyla sıcak bölgelerde yaşayan insanların genleri fazla güneş ışığını süzen melanin maddesini oluşturur. Çoğu zaman kapalı havaya sahip Avrupa'da ise durum tam tersidir. Burada az olan güneş ışığını azami ölçüde kullanmak zorunda olan vücut genleri, melanin maddesinin oluşmasını engelleyecek şekilde evrim geçirmiştir.

Coğrafi dağılım gösteren genlere bir başka örnek ise, kan grubunun B olmasına yol açan gendir. Bu gen Kızılderililerde bulunmaz ama Rusya'nın orta bölgelerinde sık görülür. Bu tür genetik farklılaşmaların nedeni hakkında kesin bir şey bilinmemekle birlikte, bunların yöresel hastalıklara karşı bağışıklığın oluşmasıyla ilgili olduğu sanılmaktardır. Örneğin, belirli bir tür kırmızı kan hücresi proteinine sahip olan bireylerin sıtma hastalığına karşı bağışıklıkları olduğu saptanmıştır. Beslenme tarzının da genetik farklılaşma üzerinde önemli bir etkisi vardır. Örneğin Batı Avrupa'da ve buradan dünyanın başka yerlerine göç etmiş insanlardan kaynaklanan toplumlarda, inek sütünün sindirilmesini mümkün kılan bir enzim bulunmaktadır. Bu enzimin üretilmesi belirli bir genin varlığına bağlıdır ve bu gen diğer toplumlarda yoktur.

Ortalama Fark

İnsanların farklılaşmasını kontrol eden genlerin coğrafik dağılımı, nedeni ne olursa olsun değişik ırklar arasındaki genetik farlılığın gerçek düzeyinin saptanmasını mümkün kılmaktadır. Çok sayıdaki değişken genle ilgili bilgiler sayesinde, ırklar arasındaki ortalama farkın belirlenmesi artık mümkündür.

Yeryüzündeki insanların genetik farklılığı, ırklar arasındaki, aynı ırktan ülkeler arasındaki ve aynı ülkede yaşayan bireyler arasındaki genetik farklılık olarak 3 gruba ayırabiliriz. Bu gruplar üzerindeki incelemelerin sonucu oldukça şaşırtıcıdır. İnsanlarda görülen genetik farklılığın % 85'ini aynı ırktan gelen insanlar arasında görmemiz mümkündür, % 15'ini ise ülkeler ve ırklar arasındaki farklılıklar eşit olarak paylaşmışlardır.

Diğer bir deyişle ırklar arasındaki *ortalama genetik farklılık,* ülkeler arasındaki hatta aynı ülkeden rasgele seçilmiş iki birey arasındaki genetik farklılıktan daha fazla değildir.

Yapılan incelemelerde ırkların genetik olarak farklı insanları temsil ettiğini gösteren herhangi bir kanıta rastlanmamıştır. Genetik çeşitlilik açısından bakıldığında, fareler bile insanlardan çok daha zengindir.

İnsan toplumlarındaki genetik değişim hızını yaklaşık olarak hesaplayabilmekteyiz. Bu hesaba göre, ırklar birbirinden 80000 yıl önce - İnsanın ortaya çıktığı noktadan dünyaya yayılmasıyla birlikte farklılaşmaya başlamıştır.

Modern İnsanın ilk fosillerinin milyonlarca yıl öncesine ait olduğu gerçeğini göz önüne aldığımızda, "ırksal farklılaşma"nın evrim tarihimizde oldukça yeni bir sayfa olduğu ortaya çıkar. Ülkelerarası ilişkilerin günümüzdeki yoğunluğunu dikkate aldığımızda da, farklılığın artma değil azalma eğilimine sahip olduğunu ifade edebilirz.

Sonuç olarak, şunu söyleyebiliriz: dünya üzerindeki toplumlar "derilerinin altında kardeştir".

SORULAR

1. İnsan genetiği üzerindeki son çalışmalar hangi alanlarda yararlar sağlamaktadır?

2. Dünyada "saf insan ırkı" diye bir olgu mümkün olabilir mi? Örneklerle açıklayınız.

3. Irklar arasında neden ten rengi farklılığı bulunmaktadır?

4. Coğrafi dağılım gösteren genlere örnek veriniz.

5. Irklar arasındaki genetik farklılığın belirlenmesi mümkün müdür? Açıklayınız.

6. "Dünya üzerindeki toplumlar derilerinin altında kardeştir" sözünü açıklayınız.

DOĞANIN ANTİKORLARI

Bülent G. AKINOĞLU

İnsanoğlu sanayileşme süreci içerisinde yaptığı teknolojik atılımlar sonucu, arkasında bıraktığı büyük boyutlardaki kirliliğin doğaya ve doğanın bir parçası olan kendisine verdiği ve ileride verebileceği inanılmaz zararların farkına ancak 20. yüzyılın ikinci yarısında vardı. Ondan önce birçok ileri görüşlü düşünürlerin, gelecekte oluşacak çevresel zararlar açısından sürekli dikkat çektiği kirlilik, toplumlar tarafından o kadar önemli görülmediği gibi, konuyla ilgili geniş çaplı araştırmalara da girilmedi. Ancak günümüzde başta gelişmiş ülkeler olmak üzere, birçok ülkede çevreye zararlı olan teknolojik artıklardan korunmak için yoğun araştırmalar yapılmakta ve yeni çıkarılan yasalarla üretim ve taşıma sektörlerinin dikkati konuya çekilmektedir.

Son 15 yıllık gelişmelere bakıldığında, çevreye verilen bu zararlardan kurtulma konusunda doğanın, insanoğlunun aldığı önlemlerden daha fazlasını yapabildiği görülür. Aynen insan sağlığının doğal koruyucuları olan antikorlar gibi, doğanın antikorları olan bazı mikroorganizmalar, kirliliğin olduğu bölgelerde ortaya çıkıp yoğunlaşmakta ve onları yok etmeye çalışmaktadır. İnsanoğlu ise kendi hastalıklarında uyguladığı iyileştirme yöntemlerinde olduğu gibi, bu mikroorganizmaların sayılarını artırıcı (doğayı güçlendirici) önlemler almaya başlamıştır.

Teknolojik artıklar, başta üstünde yaşadığımız ve gıda gereksinimimizin hemen hemen tamamını sağladığımız toprak olmak üzere denizi, göller ve akarsuları gibi içsuları ve yeraltı su kaynaklarını sürekli kirletmektedir. Bu kirliliklere bağlı olarak yeni hastalıklar ortaya çıkmakta veya var olan bazı hastalıkların etkinliği artmaktadır. Mikroorganizmalar kendi başlarına kirliliklerin küçük boyutlu olanları ile savaşımlarında kısa sürede başarı elde edebilmektedirler. Ancak büyük boyutlu kirliliklerde, doğanın yeniden canlanması, uzun yıllar almaktadır.

BAŞLICA KİRLİLİK KAYNAKLARI

Kirliliğe neden olan kaynaklardan en başta geleni petrol ve buna bağlı olan yan ürünlerdir. Bunlar petrolün kullanılması sonucu ortaya çıkan artık maddeler olabileceği gibi üretim sırasındaki atıklar, depolardaki ve taşınma sırasındaki kazalarda olan kaçaklar ve diğer petro-kimya endüstrilerinin oluşturduğu zararlı maddelerdir. Günümüzde borular yardımı ile yapılan taşımalarda da petrol kaçaklarına sık sık rastlanıyor. Petrol ürünlerinin en çok kullanılanları benzin, akaryakıt, gazyağı ve motorindir. Bu ürünlerle ilgili kirlilikler değişik hidrokarbonları içerir. Bu hidrokarbonların başında benzin, bifenil, metilfloren ve naftalin gibi türler gelir ki, bunların genel adı polisiklik aromatik hidrokarbonlardır.

Yüksek teknoloji ürünü olan yarı iletkenlerin elde edildiği kuruluşlar (yarı iletken teknolojisi), üretim sırasında zehirli kimyasal maddeler kullanmaları nedeni ile çevre kirliliklerine neden olur. Bu maddeler dikkatli kullanıldıklarında ve atıklar iyi saklandığında (veya temizlendiğinde) çevre kirliliği önlenebilir. Hatalı kullanım, kaçaklara neden olan kazalar ve atıkların yeterince kontrol edilememesi gibi nedenlerden dolayı sorunlar çıkmaktadır. Kanserojen olan viniklorid, titrikloretilen ve polislabik zehirler bu kimyasal maddelerin en önde gelenleridir.

Ahşap koruma endüstrisinin atıkları ve bu endüstride kullanılan maddeler, bir başka kirlilik nedenidir. Maddelerin saklandığı depolardaki kaçaklar kadar, işlenmiş kütüklerden damlayan zararlı maddeler de çevreyi etkiler. Katran ruhu, klorlanmış fenol ve CCA (bakır, krom ve arsenik tuzu) bu maddelerden bazılarıdır.

Üstteki kaynaklara göre daha az olmakla beraber, mangal kömürü üretim tesislerinde olan atıklar da çevreyi kirleten maddelerdendir. Bu atıkların en önemlisi fenolik ve polisiklik türden organik bileşimlerdir. Amerika Birleşik

Devletlerinin Michigan eyaletindeki bir mangal kömürü tesisinin atıkları, bölgedeki bir yeraltı su kaynağını etkilemiş, ancak doğanın antikorları orada da görevlerini yapmıştır.

MİKROORGANİZMALAR

Doğanın antikorları adını verdiğimiz mikroorganizmalar, her yerde yaşarlar. Birçoğu hayatın devamına katkıda bulunur. Günümüzde üstlendikleri en önemli görev ise teknolojinin getirdiği kirlilikle savaşmaktır. Son yapılan araştırmalar ortaya ilginç bir sonuç çıkarmıştır. Bu canlılar doğaya en fazla zarar veren maddeleri daha az zararlı olanlarına oranla daha hızlı yok ederler.

Kirliliğin olduğu bölgede çok hızlı bir şekilde çoğalma ve gruplaşma göstermeleri, mikroorganizmalarla ilgili olarak bulunan bir başka ilginç sonuçtur. Bu çoğalmanın ve gruplaşmanın nasıl gerçekleştiği konusunda yapılan çalışmalar halen devam etmektedir. Birçoğunun yaşaması ve üremesi için hava ile toprağın çok derinlerinde de yaşadığı yapılan son araştırmalarla anlaşılmıştır.

Mantar türü (fungi), maya türü (yeast) ve bakteri türü olmak üzere üç değişik grupta toplanabilirler. Bu türler içerisinde, oldukça değişik özelliklerde yüzlerce zararlı ve zehirli madde yiyen mikroorganizmaya rastlamak mümkündür. Her tür atık için değişik mikroorganizmalar vardır. Bunlar zararlı maddeleri yerler ve kendi çıkardıkları atıklar da zararsız maddelerdir.

Bu organizmalar, kirliliğin boyutuna göre birkaç hafta ile birkaç yıl içerisinde bölgedeki doğal hayatı yeniden canlandırabilirler. Doğaldır ki, bu yenilenme olmadan önce çevresindeki birçok canlı doğrudan veya dolaylı olarak etkilenir. Temizlendikten sonra ortam yeniden canlanmakla birlikte, tamamıyla eski duruma dönelebilmesi için daha uzun yıllar gerekir. Ayrıca, büyük boyutlu veya sürekli olan kirliliklerde mikroorganizmalar yeterince etkin olamazlar. Bu nedenle, bu organizmaların sayısını artırıcı önlemler düşünülmüş ve uygulanmış, halen de konu ile ilgili araştırmalar sürmektedir. Kirlenen doğayı, doğanın ürettiği bu organizmalara destek vererek temizleme işine ve bu konudaki araştırmalara biyolojik canlandırma (bioremediation) adı verilebilir.

BİYOLOJİK CANLANDIRMA

Çevre kirliliklerinin sözü edilen organizmaların katkısı ile temizlenebileceği anlaşıldıktan sonra, kirlilik bölgelerinde bu organizmaların sayılarının artırılması ve daha etkili hale getirilmeleri için birçok değişik yöntem denenmiştir. Bir kısmı başarılı olan bu yöntemler şöyle özetlenebilir:

Mikroorganizmaların artıkları yemesi, kirlilikle organizma gruplarının arasındakı yüzeyde gerçekleşmektedir. Bu temas yüzeyinin artırılması için kirliliği yayıcı bazı kimyasal maddelerin (dispersant) kullanılması düşünülmüştür. Ancak, bu maddelerin de çevre kirliliğine neden olması ve bölgedeki kirliliğin daha da yayılması bu yöntemin başarısını engelleyen etkenlerdir.

Mikroorganizma sayısının artırılması ve yeni gruplar oluşturulması için kirliliğin olduğu bölgeye özel olarak üretilmiş mikroorganizmalar ekmek de başka bir yöntem olabilir. Ancak, ekilen bu organizmaların, bölgede kirlilikle birlikte doğal olarak oluşanlar kadar etkili olamadıkları ve fazla yaşayamadıkları gözlenmiştir. Bu nedenle bu yöntem de kullanılmamaktadır.

Üçüncü ve en etkili yöntem gübrelemektir. Azotlu ve fosforlu gübreler kullanılarak mikroorganizmaların sayısı ve etkinlikleri artırıldığında, kirliliğin daha kısa bir sürede yok olduğu anlaşılmıştır. Bu yöntem, artık birçok kirlilikte kullanılmaya başlanmış ve olumlu sonuçlar alınmaktadır.

Kirliliğin olduğu bölgedeki toprağı sık sık havalandırmak da etkili olan bir başka yöntemdir. Bu sayede, mikroorganizmaların havayla daha fazla teması sağlanmakta, sayıları ve etkinlikleri artmaktadır. Kireçlemek de bu etkinliğin artırılmasında kullanılan yöntemlerden biridir.

Yukarıda anlatılan biyolojik canlandırma ile ilgili yöntemlerin tümü halen denenmekte ve kısa süre sonra çoğunun kullanılabilir hale getirileceği sanılmaktadır. Bunun yanı sıra çevreyi kirleten maddelerin üretimi sırasında da mikroorganizmalar kullanılarak, daha az zararlı ürünler ortaya çıkarılması yönünde de araştırmalar sürmektedir.Örneğin, kükürdü bol olan bazı kömür türlerinin kullanılmadan önce kükürt yiyen mikroorganizmalar yardımı ile zararlı atıklarının azaltılması mümkün olmaktadır.

SONUÇ

Değişik kimyasal maddeleri yiyen bakterileri keşfetmek için, bilim adamları doğadan birçok bakteri örneği toplarlar, bu maddelerin içerisinde yaşayabilen ve onları yok edenleri bulurlar. Bu çalışmalar sonucu, değişik zararlı atıkları yiyen birçok organizma keşfedilmiştir. Bunların yanı sıra elektronik endüstrisinde kullanılan ve petrol artıklarından çok daha dayanıklı zararlı kimyasalları yiyen bakteriler de bulunmuştur.

Amerika Birleşik Devletlerindeki Los Alamos Laboratuvarında yapılan araştırmalar, nitrogliserin yiyebilen bakterileri dahi ortaya çıkarmıştır. De-

138

nizde yaşayan ve petrol kaçakları için kullanılabilecek bir bakteri türü üzerindeki çalışmalar da ümit vericidir (Bu bakteri, petrol atıklarını su ve karbondioksit çevirmektedir).

Doğayı kirleten insanoğlunun, kendi bulduğu temizleme yöntemlerinin yanı sıra doğanın kendini yenilemesine biyolojik canlandırma ile yardımcı olması, artık üzerinde önemle durulması gereken bir konudur. Son on yıldır bu konuda oldukça önemli gelişmeler kaydedilmiş ve değişik yöntemler geliştirilmiştir. Gelişmekte olan ülkeler de, gelişmiş ülkeler gibi bu konu üzerinde durmalı, araştırmalar yapmalı ve zararlı maddeleri üreten ve kullanan kuruluşların biyolojik canlandırma yöntemlerini kullanmalarını sağlamalıdırlar.

SORULAR

1. Başlıca kirlilik kaynakları nelerdir? Bu kirliliğe karşı neler yapılabilir?

2. Mikroorganizma nedir? Çevre açısından önemini açıklayınız?

3. Mikroorganizmaların sayıları çoğaltılabilir mi? Bunun yapılabilmesi için ne gibi işlemler gerekir?

4. "Biyolojik Canlandırma" sözünden ne anlıyorsunuz? Bu konudaki düşüncelerinizi açıklayınız?

5. Daha yeşil bir dünya için neler yapmalıyız?

UZAYDAN GELEN CANLILAR

Günümüzün önde gelen iki astronomu, uzaydan gelen mikroskopik isti-lacıların - bakteri ve virüsler- atmosferden aşağı süzülerek kızamık, çiçek, veba ve bu arada basit soğuk algınlığı gibi hastalıklara yol açtığına inanmak-tadır. Profesör Sir Frederick Hoyle ve Chandra Wickramasinghe yaşamın dünyada doğmadığını, gezegenimize yaşam tohumlarının aynı zamanda has-talık da getiren gaz ve toz toplarından, kuyrukluyıldızlardan atıldığını savun-maktalar.

Bu iki bilim adamına göre, gezegenimizin kuyrukluyıldızlardan savrulan kozmik toz bulutlarıyla her karşılaşmasında, dünyaya yeni bir canlı organiz-malar akını da oluyor. Bu kuramın doğruluğunun anlaşılmasıyla, astronomi, jeoloji, biyoloji ve tıptaki benimsenmiş birçok düşüncenin de bir yana atıl-ması gerekecek. Aynı zamanda, dünyadakine benzer yaşam biçimlerinin ga-lakside yaygın olduğu anlaşılacak.

Bir çok astronom, tipik bir yıldız olan Güneşin 4,6 milyon yıl önce, bü-yük Orion nebulasına çok benzeyen bir madde bulutundan oluştuğuna inan-maktadırlar. Bu bulut içinde yoğun bir madde kümesi kendi çekiminin etki-siyle daha da küçülmüş, yoğunlaşmış ve sonunda merkezindeki basınç ve sıcaklık o kadar artmıştır ki meydana gelen nükleer tepkimeler ısı ve ışık üretmeye başlamıştır. Bu yeni doğmuş Güneşi çevreleyen madde artıkları içindeki parçalar birleşerek gezegenleri oluşturmuşlardır.

"Kimyasal Çorba"

Dünya gezegeninde ise volkanlardan çıkan gazlar -esas olarak su buharı, karbon diyoksit ve azot- bugünkü atmosferimizin oluşmasını sağlamışlardır. Su buharı yoğunlaşarak yağmura dönüşmüş ve okyanus yataklarını doldurmuştur. Ve çoğu biyologlar dünyada yaşamın bu okyanuslar içinde ve çevresinde doğduğunu düşünmektedirler. İlkel atmosferden yağan karmaşık kimyasal maddeler okyanusta zengin bir kimyasal "çorba" oluşturmuştur. Bu maddeler de -henüz tam anlaşılmamış- bir süreç içinde birleşerek ilk canlı hücreleri yaratmışlardır. Jeolojik kanıtlar dünyada 3 milyar yıldan beri tek hücreli canlılar bulunduğunu göstermektedir.

İşte Hoyle ve Wickramasinghe, gezegenimizde yaşamın başlangıcıyla ilgili bu klasik görüşe karşı çıkıyorlar. Başlangıçta dünyada yaşamın doğuşu için koşulların uygun olmadığını, gezegenin Ay gibi kuru, havasız bir cisim olduğunu, yeterli bir atmosfer oluşturacak kadar gazın bulunmadığını ileri sürüyorlar. Bu iki bilim adamına göre, dünyanın bugünkü atmosferi ve okyanuslar, dünyaya çarpan gaz ve su getiren binlerce buzlu kuyrukluyıldız tarafından uzaydan "ithal" edilmiştir. Dünyanın çevresinde böylece oluşan bir atmosfer, gezegenimize uzaydan yaşam getiren daha sonraki cisimlerin çarpma şiddetini azaltmıştır.

Ama uzayda nasıl doğabilmiştir yaşam? Ve gezegenimizde bugün de uzaydan geliyor olması mümkün müdür? Hoyle-Wickramasinghe kuramının merkezinde bu sorular yatıyor. Ve yanıtları da ancak Orion nebulası gibi yıldızların oluşturmakta olduğu bulutlarının kimyasal bileşiminde bulunabilecek.

Bu bulutlar en büyük oranda hidrojen ve helyumdan, evrende en çok bulunan bu iki maddeden oluşmaktadır. Ama radyo ve kızılötesi dalga boylarında gözlemler yapan astronomlar, bulutların aynı zamanda karbon gibi yaşamın kimyasal temelini meydana getiren maddelerin de bulunduğu karmaşık molekülleri içerdiklerini saptamışlardır. Uzayın gaz bulutlarından 50'yi aşkın farklı molekülün bulunduğu saptanmıştır. Moleküller, uzaydaki bulutların en yoğun bölgelerinde atomlar birbirleriyle karşılaştıkça normal kimyasal süreçler sonucu ortaya çıkmışlardır.

Uyuyan Hücreler

Bu kadarını bütün astronomlar kabul ediyor. Ama Hoyle ve Wickramasinghe daha da ileri gidiyorlar. Canlı hücrelerin de, Güneş ve gezegenlerin oluştuğu gaz ve toz bulutu içinde mekik dokuyan kuyrukluyıldızlar üzerinde oluştuğunu öne sürüyorlar. Bu canlı hücrelerin bazılarının gezegenlerin yüzeyine aktarıldığını, bazılarının da henüz kuyrukluyıldızlar içinde saklı kaldığını, "uyumakta" olduklarını söylüyorlar.

Bu iki astronoma göre, yıldızlararası bulutlarda gözlemlenen karmaşık moleküller gerçekte bir zamanlar canlı olan hücrelerin artıklarından başka şey değil. İddialarını desteklemek için de yıldızlararası bulutların kızılötesi tayfına dikkat çekiyorlar; bu, onlara göre, Orion nebulasının merkezi gibi yerlerde selülozun varlığının bir kanıtı. Selüloz dünyadaki organik maddelerin en bol olanlarından biri: bitki ve ağaçların hücre duvarlarını oluşturan madde. İki astronom, kızılötesi gözlemlerin nişasta gibi başka biyokimyasal maddelerin varlığını da kanıtladığını ileri sürüyorlar.

Ama bu gözlemlerin yorumu konusunda farklı görüşler var. Carl Sagan ve Cornell Üniversitesindeki meslekdaşı Bishun Khare, bu gözlemlerin sadece "yıldız katranı" adını verdikleri koyu kahverengi bir katı cismin varlığını kanıtladığını söylüyorlar, bu madde ise yıldızlararası bulutlarda bulunanlara benzeyen gazların karıştırılmasıyla laboratuvarlarda kolaylıkla elde edilebiliyor. Sagan ve Khare, yıldız katranının uzay bulutlarına duman zerreciği gibi küçük cisimcikler halinde dağılmış olduğuna inanıyorlar. Kızıl ötesi gözlemlerin, selüloz, nişasta ya da canlı hücrelerden çok, bu yıldız katranıyla açıklanması gerektiğini belirtiyorlar.

Ama eğer Hoyle ve Wickramasinghe'nin kuramı doğruysa, kanıtların da bulunabilmesi gerekir: kendi güneş sistemimizdeki kuyrukluyıldızların bu kuramı doğrulaması gerekir. Başka bir deyişle, bu kuramı doğrulamak için uzaya kuyrukluyıldızları incelemek için araçlar göndermemize gerek kalmamalıdır. Kızamık, çiçek ve veba gibi hastalıkların dünyada düzenli aralıklarla ortaya çıktığı görülmektedir. Eğer, Hoyle kuramına göre, bu hastalıklar uzaydan geliyorsa, dünya hiçbir zaman çiçek hastalığından tam olarak kurtulamayacaktır. Çünkü dünya her birkaç yüzyılda bir yeni bir çiçek mikrobu akınına uğrayacaktır.

Hoyle ve Wickramasinghe, bir başka örnek olarak da Asya ve Hong Kong griplerinin 77 ve 78 yıllık aralıklarla göründüğüne işaret ediyorlar. Bu iki gribin de 75-79 yıllık bir yörüngesi olan Halley Kuyrukluyıldızından geldiğini belirtiyorlar.

Meteor Yağmurları

Bu kuramın en zayıf yönü, hastalığın yayılmasıyla her yıl görülen meteor yağmurları arasında bir bağlantının kurulamamış olmasıdır. Meteor (göktaşı) yağmurları, dünyaya çarpan en yoğun kuyrukluyıldız tozu bulutudur; özellikle iki meteor yağmurunun- her mayısta yağan Eta Auaridler ile kasım ayları yağan Orionidler-Halley Kuyrukluyıldızının artıkları olduğu sanılmaktadır. Eğer Hoyle kuramı doğru olsaydı, gribin her yıl bu meteor yağmurlarından sonra ortaya çıkması gerekirdi.

"Uzaylı istilacılar" kuramı çekicidir, çünkü yaşamın galakside uygun koşullara sahip bütün yıldızlarda, kuyrukluyıldız ve meteorlarda bulunabileceği sonucunu doğurmaktadır. Ama kanıtlar bu iki astronomdan yana görünmemektedir. Belki de doğru yanıtı, bir kuyrukluyıldızdan örnek parçalar getirecek bir uzay projesinden sonra bulabileceğiz.

SORULAR

1. Prof. Sir Frederick Hoyle ve Chandra Wickramasinghe'nin tezleri nelerdir? Neye karşı çıkıyorlar?

2. Bu astronomlar iddialarını desteklemek için ne gibi kanıtlar getiriyorlar?

3. Orion nebulası gibi yıldızların oluşturmakta olduğu bulutlarının kimyasal bileşiminde neler vardır?

4. "Yıldız katranı" nedir? Kızıl ötesi gözlemlerin açıklanmasında nasıl yardımcı olmaktadır?

5. "Uzaylı İstilacılar" kuramı sizce doğru mu? Kanıtlar getirerek açıklayınız.

KORKUYLA SAVAŞANLAR

Panik: kalp hızlı çalışmaya başlar, avuçlar terler, saçlar dimdik olur. Vücudun kimyasal yapısı içinde tehlikelere karşı önlem alıcı, tepki mekanizması vardır. Ancak birçok kişide panik durumunu ortaya çıkaran mekanizma doğru çalışmaz. Fobileri olan insanlar diğerlerinde korku yaratmayan nesne ve olaylara tepki gösterirler.

Zararsız bir örümceğin banyo küvetinin içinde yürüdüğünü düşünmek bile vücudunuzu ürpertiyorsa, gerçek fobi içinizde sürekli olarak var demektir. Korkunuzun akıl dışı olduğunu bilirsiniz. Örümcek sizi ne sokabilir ne de zarar verebilir.

144

Gerçek fobide nesne herhangi bir şey olabilir. Bibliyofobikler kitaplardan, ailurofobikler kendilerinin korkutulmasından korkarlar.

Bazı insanların belirli bir olay veya nesneden o denli korkmalarının nedeni bilinmemektedir. Bazen böyle bir fobinin başlama nedeni eskiden meydana gelmiş bir olaya bağlıdır. Örneğin Young John Smith beyaz bir tavşanla oynarken birisi arkasından sessizce yaklaşmış ve onu çok korkutmuştu. O günden sonra John tüm beyaz tüylü şeylerden korkar olmuştu. Bu tür fobiler "koşullanmış korkular" olarak bilinir.

Diğer fobiler örnekle öğrenilirler. John Brown, babasıyla birlikte halasına yardım etmeye gitmişti. Halasının korkusu evde gördüğü büyük bir güve kelebeğinden kaynaklanıyordu. O güne kadar John güve kelebeklerini hiç düşünmemişti. Ancak babası kelebeği yakalamak üzere elini uzatınca halasının korkusunu anladı.

Herkeste panofobi yoktur (herşeyden korkmak). Fakat çoğumuzda bazı fobiler bulunur (şimşekten korkmak ya da yılandan korkmak gibi). Ruh hastalarının % 3'ünün fobileri olduğu ve % 3'ün yaklaşık %60'ının da agorafobik olduğu tahmin edilmektedir. Bu istatistikler fobi olayının yalnız bir yüzünü yansıtmaktadır; çünkü belirli bazı fobileri olan insanların büyük bir kısmı yaşamlarını normal olarak sürdürmekte; ve hiçbir zaman ruh hastası olmamaktadır. Vermont'da (ABD) yapılan bir araştırmanın sonuçlarına göre, dünyadaki insanların % 77'sinde fobi bulunmaktadır, ancak bu % 77'nin % 2,2'si ciddi olarak rahatsız olmakta ve bunların da % 254'ü tedavi görmektedir.

Fobi -mantıksız ya da delice bir korku olarak tanımlanır- basit bir hoşnutsuzluktan çok daha ileridir. Örneğin, farelerden korkma o kişinin fare bulunabilecek yerlere gitmesini önler (restoranlar, eski binalar, çiftlik binaları gibi) böylece fare fobisi kişinin yaşantısını sınırlamış olur.

Fobiler genellikle üç grupta toplanırlar: agorafobi (çeşitli şekillerde görülebilir), toplumsal fobi (insanlarla karşılaşma ve ilişki kurma korkusu) ve özgül fobiler (çeşitli durumlar, nesneler, hayvanlar, gökgürültüsü, uçmak, yükseklik gibi).

Fobilerin iki aşamada oluştuğu düşünülmektedir; koşullanmış korku ve bu korkuyu giderme. Fobisi olan kişi herhangi bir şeyden korkunca ondan devamlı kaçmaya çalışır.

Özgül fobiler psikologların en sık karşılaştıkları agorafobiden daha kolay tedavi edilirler.

Panik Krizleri

Fobi çeşitli biçimlerde kendini gösterir ve genellikle değişik korkuların bir araya gelmesiyle ortaya çıkar -evden dışarı çıkma korkusu, kamuya açık yerlerden korkma, yolda yürüme korkusu, alışveriş yapma korkusu, kapalı yerlerden korkma ve kalabalığa karışma korkusu. Agorafobikler açık yere çıktıklarında anlaşılamayan bir korkuya kapılırlar, sıcak ya da soğuk terleme, hızlı nefes alma, çarpıntı, baş dönmesi ve bayılma sık görülür. Agorafobi genellikle nevrozun diğer türleriyle birlikte oluşur: psikolojik bozukluk, endişe veya depresyonla birlikte ortaya çıkar ki bu da teşhisi de tedaviyi de daha zorlaştırır.

Bununla birlikte, psikologlar agorafobiyi kesin olarak çeşitli tiplere ayırmışlardır:

1. Tümüyle psikolojik agorafobi -istenmeyen bir durumla karşılaşma sonucu açık yerden korkma. Daha sonra agorafobik olan kadının biri dışarıda oğluyla yürürken 100 metre uzağına bir uçak düşmüştü. Yangın, çıkan du-

manlar, insanların haykırışları gerçekten korkunçtu. Kadın bu olaydan hemen sonra agorafobik olmadı. Ancak oğlu yatılı okula gitmeye başladı ve kadının dışarı çıkma amacı yok oldu. Bundan sonra dışarı çıkma korkusu gelişti.

2. Herhangi bir neden olmadan depresyondayken gelişen korku - Depresyonda olan bir kişinin canı dışarı çıkmak istemeyebilir, ancak depresyonun ortadan kalkmasıyla agorafobi de genellikle yokolur. Bununla birlikte, bazı kişilerde depresyon kalksa da agorafobi kalır.

3. Başından geçen kötü bir olayın kişiyi sınırlaması -Bir hasta, bir binada çalışırken binanın bir bölümü çökmüş ve birkaç saat moloz yığınının içinde kalmıştı. Bilinçaltında bu olay kendisi dışardayken olmuştu.

4. Çevresel değişiklikler de agorafobiye neden olabilirler: yiyeceklerin neden olduğu panik (örneğin, kafein); tepkisel hipoglisemi (karbonhidrata olan tepki), kimyasal maddelere olan duyarlılık- örneğin benzin kokusu alınca başı döner, kendine hakim olamaz. Yukarıda sayılanlar gerçekte agorafobinin ikincil belirtileridir: birincil olan "Bir kriz geçireceksem bari içerde olsun" düşüncesidir.

5. Çekingenlik - dışarı çıkmamak bunun bir uzantısıdır. Toplumsal fobiye benzer ancak dozu değişiktir. Toplumsal ortamdan kaçmalarına karşın toplumsal fobisi olanlar genellikle işlerini elde tutmayı başarırlar.

Toplumsal fobisi olanlar çevrede birileri olduğu zaman yemek yemekten, içmekten, yüzünün kızarmasından, konuşmak ya da yazmaktan korkarlar. Bu fobiler çoğu zaman ergenlik çağından sonra gelişir ve her iki cinste de görülebilir.

Diğer fobiler hayvan fobisi, hastalık fobisi ile olaylar, durumlar ve nesnelerle ilgili çeşitli fobilere ayrılırlar. Karanlıktan korkma, rüzgârdan korkma gibi fobiler bu son gruba dahildirler. İlginç olan şu ki hayvanlardan korkma yetişkinler arasında daha çok kadınlarda görülür; oysa ergenlik çağından önceki dönemde hayvanlardan korkma oranı iki cinste de aynıdır.

Fobilerin teşhisi özellikle başka psikolojik bozukluklar da olduğu durumlarda zordur.

Düşmanı Sevmek

Teşhis, takınaklı zorgu (obsessive-compulsive) fobilerin varlığında zor olur. Takınaklı zorgu nevrozunun tipik örneği kanser korkusudur. Bu korkuyu fobiden ayıran nokta, kişinin "yineleme ve yüzleşme" eğilimidir. Örneğin böyle bir korkusu olan kişi kanser hakkında ne bulursa okur ve sık sık, gerekli gereksiz muayene olur.

Tedavi alışkanlığı da, çok sık görülmekle birlikte, durumu daha da karmaşıklaştırır. Bazı kişiler kendi kendilerine yetmediklerinden ve moralleri bozulduğunda kendilerini destekleyecek bir aileleri ya da arkadaşları bulunmadığından doktorlar ya da psikologlarla yakın ilişki kurma gereksinimi duyarlar. Bu kişiler için başarılı bir tedavi kendi içinde bir sorundur ve gerçekte bir bozukluk tedavi edilir edilmez bir diğeri kendini gösterir.

Fobinin tedavisi, temelde yinelemeye dayanır. Hastalar iyileşene kadar doktorla birlikte korktukları madde ya da olayla yüzleşmeye çalışırlar. Bu yöntemin dört farklı biçimi vardır:

1. Korkulan nesnenin yavaş yavaş hastanın hayalinde canlandırılması.

2. Hastanın, korkulan nesnenin kendisine hızla yaklaştığını hayal etmesi.

3. Korkulan nesneyle hastayı gerçek yaşamda yavaş yavaş karşılaştırmak.

4. Korkulan nesneyle hastanın gerçek yaşamda birdenbire karşılaşması.

Açıkça görüleceği gibi ilk iki yöntem diğerlerinden daha fazla zaman almaktadır ve daha ciddi durumlarda kullanılırlar. Dördüncü yöntem belirli bir fobi olduğunda genellikle işe yarar; çünkü bu korkunun altında yatan başkaca ciddi bir sorun yoktur. Bu yöntemle sonuca ulaşılabilir; çünkü panik durumu en fazla yarım saat sürer. Korkulan nesne ile birkaç saat karşı karşıya kaldıktan sonra kişi, paniğin etkisinden kurtulur ve korku da ortadan kalkar.

Tedaviden sonra, fobisiz bir yaşamın özgürlüğüne kavuşabilenler için bu iyi kullanılmış bir süredir.

SORULAR

1. Fobi ne demektir? Ruhsal bozukluklarla ilgisi var mıdır? Açıklayınız.

2. Fobileri kaç grupta toplayabiliriz? Bu grupların özelliklerini anlatınız?

3. Fobi hangi biçimlerde kendisini gösterebilir? Fobilerimizin tedavisi sırasında ne gibi kademeler kullanılır? Bunların sonucu etkili midir?

4. Agorafobilerin çeşitleri nelerdir? Hangi sebeplerden dolayı oluşur?

5. Fobilerimizi yenmek için neler yapmalıyız? Sizin fobileriniz var mı? Bu konuda bir kompozisyon yazınız.

GÖRMEK
GERÇEKLEŞTİRMEKTİR

Tibetli rahip, taştan kulübesinin toprak zemin üzerinde lotüs pozisyonda oturdu ve meditasyona başladı. Vücudunun içinde tam göbek noktasında altın bir lotüs görüntüsü hayal ediyordu. Lotüsten mistik *ram* hecesi titreşimler halinde geliyordu. Sessiz ayinini sürdürdükçe ellerinin ve ayaklarının sıcaklığı yüksekmeye başladı. *Tummo* üzerinde çalışmaya başlayalı beri aynı ayini sürdürüyordu. (Tummo "İç Ateşi Doktrini"dir. Bu doktrin yüce bilge Naropa'nın Altı Yogasından biridir.)

Ama bu kez bir değişiklik vardı. Göbeğinin, sırtının, alnının, göğüs ucunun, sol el parmağının, sol ayak parmağının, sol kolunun iç kısmının ve sol baldırının üzerine sıcaklık ölçen termometreler plastik bantla yapıştırılmıştı. Makat sıcaklığını ölçmek için 10 cm uzunluğunda bir sonda yerleştirilmişti. Kalp atışlarını ölçmek için de baş parmaklarından birine nabız monitörü bağlanmıştı.

Rahip yaklaşık bir düzine telle, merkezi bir dağıtım tablosuna ve teletermometreye bağlıydı. Yine de sakin sakin meditasyonuna devam ediyordu. Bu güven, deneye başrahibin (Dalay Lama) izin vermesinden kaynaklanıyordu.

Fantastik Öyküler mi?

Bu söylentiler yıllardan beri Himalayaların tepelerinden süzüle süzüle aşağılara doğru inerdi. Gerçekten büyü yapabilen rahiplerden, büyücülerden söz edilirdi. Kimi havada uçmakta, kimi günlerce trans halinde kalabilmekte, kimi de iradesiyle vücut sıcaklığını normalin üstüne çıkararak soğuk Tibet kışlarına dayanabilmekteydi.

Söylentilerdeki gerçek payını araştırmak pek kolay olmamıştır. Ne de olsa Tibet, dünyanın en uzak ülkelerinden biridir. Ve de gerçek olan şey şudur ki, rahipler dinsel törenlerinin meraklı Batılılarca incelenmesine en ufak bir ilgi bile göstermemişlerdir.

1981 yılında ise, bir grup Amerikan bilim adamına üç Tibet rahibi üzerinde test yapma izni verildi. Bu rahipler Tummo Yoga üzerinde uzmandılar. Sonuçlar çok etkileyici oldu. Bilim ve tıp çevrelerinde uzun zamandır süren vücut ve zihin arasındaki ilişki tartışmalarına yeni boyutlar eklenmiş oldu.

1950'de Çin, Tibet'i işgal etmeseydi, bu testler belki de hiçbir zaman gerçekleşemeyecekti. İşgal sırasında Dalay Lama sürgüne gidince kendine bağlı olanlar da onu izlediler. Şimdi çoğu Hindistan'a ait yerleşim alanlarında yaşamaktadır. Tummo testleri de Himalaya eteklerindeki Yukarı Drahamsala'da Dalay Lama'nın çağrısı üzerine gerçekleşebilmiştir.

Tellerle bir aygıta bağlı olmalarına karşın, rahipler, yılların verdiği deneyimle trans haline geçmekte hiç zorluk çekmiyordu. Her üç test ayrı ayrı yapıldı. Meditasyon süreleri 40-80 dakika arasında değişiyordu. Testler arasında 30 dakikalık "kendine gelme" süresi bulunuyordu. Her beş dakikada bir alınan ölçümler araştırmacıların sıcaklık ve kalp atışlarındaki değişikliklerin grafiğini çıkarmasını sağlıyordu.

Disk termometrelerin ölçümleri çok az değişiklik göstermesine rağmen, rahiplerin el ve ayak parmaklarındaki sıcaklık çok önemli ölçüde artmıştı. Rahiplerden birinin el parmağı sıcaklığı 10 dakikalık meditasyondan sonra 7,2 °C artmıştı. Diğer ikisinin parmak sıcaklığındaki en büyük artış, 5,9 °C ve 3,15 °C idi. İlk rahibin ayak parmağı sıcaklığı 7 °C artarken diğerlerininki 4 °C ve 8,3 °C arttı. Kalp atış hızı ilk iki rahipte pek fazla değişmemesine karşın, üçüncü rahibinki meditasyondan hemen önce dakikada 90 atışa çıkmışken, kendine gelme süresinin sonunda 60 atışa inmişti.

Bu bulgular, Batılıların vücut sıcaklığı ile ilgili fikirlerini altüst etti. Batılılar vücut sıcaklığının kontrolümüz dışında otomatik bir olay olduğunu kabul ediyorlardı. Biyolojik geri-beslenme teknikleriyle yapılan bazı yeni deneyler, vücudun bazı bölgelerinde sıcaklık değişikliğinin gerçekleşebileceğini gösterdiyse de, ölçümler Tibetli rahiplerinkinden çok uzaktır.

Öyleyse rahipler bunu nasıl sağlıyorlardı ve amaçları neydi? Üç ay boyunca bu üç rahip üzerinde deneyler yapan Harvard Tıp Okulundan Herbert Benson, bunun metabolizma hızının artışına bağlı olmadığı sonucuna var-

150

mıştır. Eğer öyle olsaydı rahiplerin özellikle fazla karbonhidrat alarak yakmaları gerektiğini belirtiyordu Benson. Oysa rahipler çok sade bir manastır diyeti uyguluyorlardı.

Sonuç olarak Benson, en akılcı mekanik açıklamanın bir tür "damar genişlemesi" (vazodilatasyon) olabileceğini belirtmektedir. Damarların genişlemesi özellikle uç noktalardaki kan miktarının artmasına neden olabilir.

14 yıldır Tibet'te oturan ve rahip (Lama) olan Fransız bayan Alexandra David Neel, Tummo Yoga'nın ilkelerini açıklamıştır. Eğitim başlamadan önce, rahip adayının yoga soluk alıp verme teknikleri ve hayal etme çalışmalarında deneyim sahibi olması gereteğini belirtmişti.

Kendisi de eğitimin ilk aşamasında 3000 m yükseklikte bir dağdaki ırmağın buz gibi sularında banyo yapmak ve geceyi meditasyon yaparak (kurulanmadan ve elbiselerini giymeden) geçirmek zorunda kalmıştı. Rahipliğe yükseldikten sonra, yogiler yün elbiseler giymek gibi lükslerden uzaklaşmak ve ısınmak amacıyla ateşe yaklaşmaktan vazgeçmek zorundaydılar. Eğitim her sabah gün doğarken açık havada başlar ve güneş doğmadan önce biter. Öğrenciler yere lotüs, pozisyonunda otururlar. Yerin buz ya da karla örtülü olmasının hiçbir önemi yoktur. Soluk alma egzersizleri burun kanallarını açar ve zihnin berraklaşmasına yardımcı olur. Gerekli meditasyon durumuna geçilince öğrenci bazı simgeler ve sesleri hayal etmeye başlar. Bunlar bir tanrıça olarak şekillenmeye başlarlar. Bu düşsel tanrıça ile bir olan aday yavaş yavaş aldığı solukları adeta bir körük gibi kullanarak bir ateş hayal etmeye başlar. Bu ateşin sıcaklığı gittikçe yükselir ve öğrenci bunun vücuduna mistik bir "sinir kanalı" ile girdiğini düşler.

Bu arada bazı kutsal kelimeleri içinden yineler ve derin soluk alma, soluk tutma ve bırakma çalışmaları yapar. Düşüncelerini, içindeki ateşe ve vücudunda yayılmakta olan sıcaklık üzerinde yoğunlaştırır. Bir süre sonra alev dolu sinir kanalı gittikçe yayılır ve tüm vücudunu kaplar. Kişisel vücut duygusu yavaşça yok olur ve rahip kendini alevler okyanusunda bir alev gibi hissetmeye başlar.

Bazı hevesli öğrenciler ayrıca bir çeşit bitirme sınavına girerler. Çıplak bir şekilde donmuş bir ırmak ya da göl kenarında meditasyon yaparlar. Vücutlarına buzlu suda ıslatılmış bezler sararlar. Bu çalışmanın amacı, ıslak bezleri Tummo ateşiyle kurutmaktır. Her bir bez parçası kurudukça yeniden ıslatılır ve öğrencinin üstüne konur. Test için soğuk, sisli, dolunay geceleri seçilir. Gün doğarken en fazla sayıda bez kurutan rahip şampiyon ilan edilir. Bir gecede kırk örtü kurutmayı başaranlar olmuştur.

Tummo çalışmaları sonucunda görülen sıcaklık yükselmeleri yüksek Himalayalar'da yararlıdır özellikle yıllarca mağaralarda kalanlar için. Ancak, vücut sıcaklığı Tummo'nun gerçek hedefi değil, sadece yararlı bir yan ürünüdür. Tummo'nun gerçek amacı iç alevi tutuşturarak zihnin aydınlatılmasıdır.

Hayali Sağlık

Batılılar ısınmak için bu Tibet felsefesine uygun dinsel törenler uygulamak istemeyebilir, ama Tummo'nun istenilen sonucu sağladığı da kanıtlanmış bir gerçektir. Artık gezgin öyküleri olarak değerlendirilemezler. Tersine, tıp açısından çok önemli bir bulgu olabilir.

Batılı hekimler zihnin fiziksel hastalıklardaki rolünü artık görebilmektedir. Bazı araştırmacılar ise bazı ciddi hastalıkları, zihin gücü ile kontrol edebileceklerine, hatta iyileştirebileceklerine inanmaktadırlar.

Tummo rahiplerinin yaptıkları gibi, görüntü hayal etmek, önemli vücut değişikliklerini sağlamada etkin bir yöntem sayılmaya başlanmıştır. Bu tekniklerin geliştirilmesi sonucu, kanserli hastalar, meditasyon sırasında kan hücrelerinin kanser hücrelerine saldırdıklarını ve yok ettiklerini hayal eder ve de gerçekte de böyle olmasını sağlayabilirler.

Rahipler bazı güçlerin varlığını kanıtlamışlardır. Bazı hekimler bu güçleri kullanmayı, dağ tepelerinde inzivaya çekilmek zorunda kalmadan öğrenebilirse, dünya için yeni bir bilim olan "kendi kendini" iyileştirmede çok önemli adımlar atılabilir.

SORULAR

1. Tummo'nun tıp bilimine kazandırdıkları nelerdir?
2. Vücut ve zihin arasındaki ilişkiyi örneklerle açıklayınız.
3. Tummo Yoga eğitimini anlatınız.
4. Tummo'nun gerçek hedefi nedir?
5. Meditasyon gibi rahatlama teknikleri hakkında ne düşünüyorsunuz?

UFO'LAR GERÇEK Mİ, YOKSA SANRI MI?

Ortalama günde bir kez, dünyanın herhangi bir köşesinde, bir Tanımlana-mamış Uçan Cisim (UFO) gören biri çıkmaktadır. Bunlardan %95'i, sonuçta, doğal ya da yapay bir olay olarak açıklanmakta, ama geri kalan %5'i ayrıntılı olarak araştırılıp denetlenmesine karşın, açıklanamadan kalmaktadır. Pek çok bilim adamı, anlatılan olayları incelemiştir. Bu incelemeler bizi UFO'lar konusunda gerçeğe ne ölçüde yaklaştırmıştır?

1960'ların sonunda ve 1970'lerin başında, UFO'lara duyulan ilgi tüm dün-yada iyice yayılmış doruk noktasına ulaşmıştır. Bu yıllarda anlatılan olayla-rın sayısı oldukça çoğalmış, konuya ilişkin kuramlar artmış, ciddi bilim adamları da yayın organlarında heyecan uyandıran bir dille anlatılan olayları izleme gereğini duymuşlardır. UFO'ları aramak ve en sık göründükleri düşü-nülen yerleri görmek üzere geziler düzenleyen gruplar oluşturulmuş, dernek-ler kurulmuştur.

Olanaklar elverdiği ölçüde bilimsel yollardan bilgi toplayıp çözümlemeyi amaçlayan grup ve dernekler de, sayıca daha az olmakla birlikte, aynı ölçüde yaygınlaşmıştır. Ulusal UFO Araştırma Kuruluşları gibi, bu gruplar da, zaman zaman taraf tutucu bir yaklaşım gösterseler bile, yöntemli bir merakla araştırmalarını sürdürdüler.

UFOlojiyi (UFO'lar üzerine araştırma yapan bilim dalı) geçici ama gözalıcı bir heves konusu olarak gören magazin dünyası da hızla harekete geçti. Birçok karizmatik önder, çevresine toplanan, taraftarlarına, İngiltere'de Warminster, Fransa'da, Poitou, ABD, Kanada ve İskandinavya'da da benzeri önemli merkezlerin yakınlarında geceleri üç dört UFO'nun bulunduğunu anlatmış; bunların hepsinin de tümüyle uydurma olduğu anlaşılmıştır.

Her şeye karşın, UFO'lar üzerinde yoğunlaşan ilgi, sona ermiş değildir. Tersine, UFOloji kendisi için daha uygun şekilde, sadece belli bir kesimin ilgi alanı durumuna gelmiş, anlaşılmaz olayların ardında ne yattığını çözmeye kararlı kişilerin uğraşı olmuştur.

Genel ilginin azalmasının nedeni, büyük ölçüde, zengin veriler bulunmasına karşılık bir türlü açık seçik sonuçların ortaya çıkamamasıdır. UFO'lar, en yaygın ve klasik biçim olan tabağın yanı sıra, küre, puro, yumurta, piramit ya da halter gibi çeşitli biçimlerde de görülmektedir. Anlatılanlara göre, boyutları da oldukça değişmekte, uzunluğu 1km.yi aşanları da, sadece birkaç santimetre olanları da görülmektedir. Aynı yönde düzgün bir hareket yapanların yanı sıra hızla yön değiştiren, yalpalayan, hatta havada asılı duran UFO'ların da görüldüğü söylenmiştir.

UFO'ların kırsal alandaki etkileri üzerine anlatılanlar da çeşitlidir. Hiçbir zarar vermedikleri söylendiği gibi, felaketlere yol açtıkları da belirtilmiştir, evler yıkılmış, ağaçlar devrilmiş, toprak kavrulup radyoaktif hale gelmiş ya da çukurlarla oyulmuştu. UFO'ların radyo ve televizyon alıcılarını karıştırdığı, araçların motorlarını durdurduğu, insanları yaktığı ya da bayılttığı, tek olarak ya da gruplar halinde radar ve sonarla saptandığı ileri sürülmüştür.

Böylesine çeşitli ve çelişkili iddialar karşısında gözlemciler, bunları tümüyle uydurma sayarak bir kenara bırakabilir. Son 20 yıl boyunca yanılsamalardan sıyrılmış olan bilim adamları, kimi zaman gerçek bir bilimsel merakla, UFO'lar üzerine pek çok fikir ileri sürmüşlerdir. Son zamanlarda ise jeologlar, UFO'ların çoğunlukla yeraltı faylarının ya da gerilimlerinin bulunduğu bölgelerde görüldüğüne dikkat çektiler. Böyle bir durum, yer yüzeyinin üstünde bir elektrik potansiyelinin oluşmasına yol açabilmektedir. Birçok kristal, gerilim altında elektrik üretir ya da tersine iki yanından elektrik verilince, biçim değiştirir. Bu kuvarslı saatlerde de kullanılan *piezoelektrik etki*dir.

Elektrik, bir hava sütununu iyonlaştırarak görünür hale getirebilir. Laboratuvar ve arazi çalışmaları bunu doğrulamış, hatta ortaya çıkan biçimin bazen UFO'lara benzediği ileri sürülmüştür. Bu sonuçlar olağan meteorolojik etmenlerle ulaşan atmosferdeki iyonlaşmanın, öbür UFO olaylarını da açıklayabileceği hipotezine yol açmıştır.

Stonehenge

Fizikçiler aynı zamanda yer yüzeyindeki manyetik kuvvet ya da çekim kuvvetiyle ilgili bozulmalarında UFO'ların görülmesiyle ilişkisini kurmaya çalışmışlar ve bazı elle tutulur başarılar sağlamışlardır. Böyle bozulmaların da görüldüğü yerlerden biri de, İngiltere'de, Stonehenge'in bulunduğu Salisbury Ovasıdır. Burası hem çok eski bazı yolların hem de önemli sayıda ley çizgisinin kesişme noktasıdır.

Bu arada astronomlor da, UFO olaylarında 10 yılda bir görülen azalıp çoğalmaların, güneş lekelerinin 11 yıllık evreleriyle ilgili olabileceğini öne sürmüşlerdir.

Matematikçiler, UFO'ların görülme noktalarını birbirine bağlayarak doğru, yıldız, daire gibi geometrik biçimler elde etmeyi denediler. En azından, matematiksel bir harita oluşturmayı umuyorlardı. Ancak, bu girişimler çok sınırlı sonuçlar verdi.

Sosyologlar ise, UFO'lar üzerine yapılan betimlemeleri incelediler. UFO'nun görüldüğü biçiminin, gözlemcinin beklentisine göre değiştiğini, bu beklentinin de eğitim, ilgi alanları ve hayal gücüne bağlı olduğunu ileri sürdüler. Bu etmenler arasındaki çakışma, bazı ülkelerde daha belirgin olmakla birlikte çeşitli ulusal araştırma kuruluşlarının yayımladığı istatistiklerde ortaya çıkmaktadır. Bütün bunlar, UFO'ların çoğunlukla tabak biçimde oluşuna da, uzay gezginleri arasında antropoide (ya da humanoid) benzemeyenlerin çok az çıkmasına da şaşmamak gerektiğini göstermektedir.

UFO gören, bir UFO'lu canlıyla ilişki kuran ya da bir UFO'lu tarafından kaçırılan kişiler üzerine psikologlar da değişik görüşler öne sürmüşlerdir. Çoğu, UFO'ların sadece birer yanılsama, aşırı huzursuzluk anında görülen birer sanrı olduğunu düşünmektedir. Bazıları ise UFO görme olaylarını ayırt etmeyi yeğlemekte, belli kişilerin UFO görmeye daha çok eğilimli olduğuna dikkat çekmektedir. Örneğin peri ve cin gibi küçük yapılı insansı varlıkların dolaşıp durduğu rivayet edilen ülke ve bölgelerde, UFO görme olaylarına daha sık rastlanmaktadır. Fransa, İrlanda ve Meksika'nın kimi bölgeleri, bunun başta gelen örnekleridir.

UFO'ların dış ve iç görünümü ile bunların taşıdığı varlıkların betimlemeleri de, kişisel etmenlere bağlı olarak, belli modellere uyma eğilimi göstermektedir. Örneğin kaçırılan kişinin dünyadışı araca girişini betimleyişi ile kendi doğum biçimi arasında büyük bir korelasyon olduğu belirtilmiştir. Sezeryanla doğmuş bir kişi, her zaman UFO'ların girişini, kapı, kapak ya da hava deliği olarak anlatmakta, doğal biçimde doğmuş olanlar ise hep geçitlerden, tünellerden söz etmektedir.

Hayvanların Tepkileri

Sanrı kuramına karşıt bir olgu olarak, biyologlar, çoğunlukla evcil hayvanların da (hatta bazen sahiplerinden daha önce) UFO'ları fark ettiklerine dikkat çekmişlerdir. Köpekler uluyarak kaçmakta, kediler sırtlarını kabartmakta, tıslayıp idrar kaçırmakta, çiftlik hayvanları da korkudan yere çökmekte ya da kaçışmaktadır. Üstelik, hayvanların bu sarsıcı olayları her zamankinden daha fazla hatırlayabildikleri de, belli yerlerde sonradan gösterdikleri davranışlardan anlaşılmıştır.

Son 15 yılda, UFO'ların psişik olaylar, yani paranormal olaylar olduğu görüşü giderek yaygınlık kazanmıştır. Bu görüşü destekleyenler arasında, UFO'ları, birtakım siyasal olaylarla birlikte "Kıyamet Günü"nü haber veren felaketler ya da dünyaya yapılan doğaüstü ziyaretler saymış olan sahte peygamberler de bulunmaktadır. Öbür uçta ise, genellikle yüksek tirajlı ve kesinlikten uzak kitaplar yazarak uçan daireler üzerine sözde mezhepler yaratan sansasyonucular vardır. Bunların önderlerinden çoğu; dünya dışındaki akıllı varlıklarla ilişki içinde olduklarını iddia ederler.

SORULAR

1. UFO olaylarının artmasıyla dünyada ne gibi değişiklikler olmuştur?

2. İnsanlar UFO'ları hangi şekillerde ve ne durumlarda gördüklerini, etkilerinin neler olduğunu iddia etmektedirler?

3. Sosyologların yaptıkları araştırmalar sonucunda UFO'lar hakkındaki düşüncelerini açıklayınız.

4. UFO'ların hayvanlar üzerindeki etkileri nelerdir?

5. UFO'ların varlığına inanıyor musunuz? Bu konuda düşüncelerinizi açıklayan bir kompozisyon yazınız.

ASLAN EFSANESİ

Hızlı koşabilen zebrayı ve dev Afrika öküzünü alt edebilme yetisindeki Afrika aslanı, dünyanın en güçlü yırtıcısıdır. Ormanların kralıdır - ya da öyle görünür. Gerçekte diğer yırtıcıların avlarını çalan bir leş yiyici olarak ortaya çıkar. O halde bu söylenti nasıl doğmuştur. Hayvanlar alemi hakkında sürdürülen diğer büyük yanılgılar nelerdir? Acaba doğal yaşamı, sandığımız kadar iyi anlayabiliyor muyuz?

İri bir erkek aslanın boyu 3 m'yi, ağırlığı da 300 kg'ı aşabilir. Kaplanla yaklaşık aynı büyüklüktedir. Ama ondan daha ağırdır. Aslan kısa mesafelerde saatte 65 km hıza erişebilir ve 3,5 m yüksekliğe sıçrayabilir ya da 12 m uzunlukta atlayışlar yapabilir.

Hayvanlar aleminde bu tür yetenekler ve güç, eşit bir dağılım göstermediğinden, aslanın korkutucu bir hayvan olarak görülmesi normaldir. Ancak, bu güçlülük, aslanı bir süper - yırtıcı yapmasının yanında, diğer hayvanları "soymak" için her fırsatı değerlendiren bir zorba olmasına da yol açar. Hatta, tümüyle birleş yiyici ya da yamyam olabilir.

İlk Efsaneler

Efsanelerin kökeni eski halk öykülerine dayanmaktadır. Eski Mısırlılar, Yunanlılar ve Romalılar, aslanla ilgili masallar anlatırlardı. Kendileri de yarışçı ve savaşçı olduklarından, öyküleri genellikle ormanlar kralının gücüne karşı hayranlıkla doluydu. Her ne kadar Yunanlılar doğa tarihçiliğinde başarılı olmuş ve Yunan'da Klasik zamanlarda bu hayvanlar gerçekten yaşamışsa da, aslanları doğal ortamları içinde gözleme fırsatları kesin olarak sınırlıydı. Dolayısıyla 19. yüzyıl içinde Afrika'nın keşfi dönemine kadar bu efsaneler ölümsüzleştirildi. 19. yüzyıl içinde birkaç Avrupa ülkesi, bu geniş kıtaya giriyorlardı.

Livingstone ve Stanley'in izinde yürüyen, doğa bilimciler birbiri ardına yeni türler bularak Afrika kıtasını taradılar. Örnek topladılar, tanımladılar ve zaman zaman da gözlemlediler. Gördükleri, aslanın tüm Afrika hayvanlarının en güçlüsü olduğunu doğruluyordu.

Leş Yiyici Sırtlanlar

Sabahın erken saatlerinde yapılan bir gezintide, öldürdüğü avının başında bir aslana rastlanabilir. Çevresinde bir grup sırtlanı vardır. Bunlar kralın yemeğinden pay almak için fırsat kollar. Aslan, bu çirkin görünüşlü, köpeğimsi yaratıklardan birini kovalayacak olduğunda, bir diğerine çabucak bir parça et koparma fırsatı doğmaktadır. Böylece bir başka efsane doğar. Aslanların yiyeceklerini çalan sinsi, leş yiyen sırtlan efsanesi.

1960'larda davranış biçimleri üzerinde yeni çalışmaların gelişmesiyle, bu efsanelerin yanlışlığı kanıtlandı. Ortaya çıkan şey, aslan ve sırtlanın şafaktaki görüntülerinin aldatıcı olduğu, gerçeğin alacakaranlıkta gizlenmiş olduğuydu. Bu ilk bulgular yenileriyle de doğrulanmaktadır. Askeri amaçlar için geliştirilen görüntü yoğunlaştırıcı aygıtlar, etologların (hayvan davranışı üzerinde çalışan bilim adamları) karanlıkta görebilmelerini ve kameramanların gerçeği görüntüleyebilmelerini mümkün kılmıştır. Bunlardan da, aslanların saygınlığını sarsan sonuçlar çıkmıştır.

Sırtlanların oldukça yetkin ve güçlü yırtıcılar olduğu anlaşılmıştır. Sürüler halinde dolaşıp, yan yana yaşadıkları antilopları ve diğer otçul hayvanları alt etmede oldukça başarılıdırlar. Avlarını geceleyin avlar avlamaz ve en büyük leş yiyici olan aslan avlarına el koymak üzere ortaya çıkmadan önce hemen yemek zorundadırlar. Dolayısıyla, sabahın ilk ışıklarında, çevresinde fırsat kollayan sırtlanlarla, avın gerçek sahibi durumundaki aslan sahnesi aldatıcı bir görüntüdür. Sırtlanlar gerçekten de leşleri yiyebilirler, ama aynı zamanda da avlarını, boyun kırıcı tek bir ısırışla öldürebilecek, güçlü çenelere sahiptirler.

Aslanlar temelde toplu halde yaşayan hayvanlardır. Her aslan sürüsü genellikle bir erkek, bir grup dişi ve bunların çeşitli yaşlardaki yavrularından oluşur. Bir başka büyük erkek, yerini bildiği sürece hoş görülebilir. Ama sürü egemenliği için bir iddiada bulunacak olursa hemen dışlanır. Aslan sürüleri genellikle yerleşik ve barışseverdirler. Dişi aslan, ilk bakışta, kusursuz bir anne gibi görünür. Yavrusunun sırtına çıkmasına ve kuyruğuyla oynamasına izin verir. Ancak bu ilk izlenim yanıltıcıdır.

En Uygun Olan Yaşar

Eğer yiyecek bolsa, dişi aslan önce yavrularının yemesine izin verecek ve hepsinin de yeterli besini almasına dikkat edecektir. Ama, yiyeceğin kıt olduğu durumlarda, yavruların yetişkinler tarafından bir kenara itilip, açlıktan ölmeye bırakılmaları kaçınılmazdır. Bu olay, en uygun olanın yaşaması ilkesinin tam bir örneğidir. Ölen yavruların yerini kolayca yenileri alır. Aslan dikkati çekecek ölçüde çabuk üreyen bir hayvandır. Yavruların ölüm oranı yüksektir. Bu durumda gerekli olan şey, en güçlü ve en uygun yetişkinlerin, nüfusu sürdürmek üzere sağ kalmalarıdır. Dolayısıyla, başlangıçta sıcak ve sevecen bir anne görünümündeki dişi aslan gerçekte sağ kalmak için herşeyi yapabilecek bir hayvandır.

Sağ kalmak, zaman zaman yetişkinler için bile sorun olabilir. Aslanlar oldukça güçlü hayvanlardır ama bu güç, onları avlamaya çalıştıkları hayvanların verebileceği zarardan her zaman tam olarak koruyamaz. Zebralar zaman zaman aslanın dişlerini tekmeleyebilirler. Bu durumda aslan, kemirgenler hatta böcekler gibi çok daha küçük avları yeme durumuna düşer. Bunun dışında büyük antiloplar, yetişkin bir dişi aslanı uzun, keskin boynuzları ile öldürebilir ve hatta saldırgana havada toslayabilir.

Goril Öyküleri

Diğer bir yaygın inanışda "King Kong Efsanesi"dir. İnsanlara saldıran dev goriller üzerinde birçok film çevrilmiştir. İki goril alttürü, bu filmlere esin kaynağı olabilecek derecede iridir. Bir erkek goril, yetişkin bir insan boyunda ve 220 kg ağırlığında olabilir.

Olağanüstü güçlü King Kong, filmlerde binalara tırmanır, trenleri, arabaları ve insanları tahrip etmeden önce göğsünü yumruklar. Bütün bunların içindeki tek doğru şey, gorilin göğsünü yumruklamasıdır. Tabii bu hareket de, daha etkileyici bir görüntü elde etmek için oldukça abartılmıştır.

Goriller, egemen bir erkek, onun haremi ve yavrularından oluşan küçük aile tolulukları halinde yaşarlar. Sık ormanlarda yerleşir ve sakin, barışçıl bir yaşam sürerler. Zamanlarının çoğunu beslenerek geçirirler. Kafese kapatılmış goriller et yerler ama doğal çevrelerde yaşayan gorillerin otobur olduğu sanılmaktadır. Ancak sivri ve keskin dişleri tersi bir izlenim uyandırmaktadır. Gorillerin besinleri, ağaçların ve bitkilerin yaprak, meyve ve kabuklarıyla, dolgun filizler, bambu sapları ve eğrelti otlarından oluşmaktadır.

Goril, rahatsız edildiğinde ayakları üstüne dikilip, göğsünü yumruklayabilir. Gerçekte bu hareket sinemada gördüğümüzden çok farklıdır. Parmaklar oldukça güçsüz, hafif vurma hareketleriyle göğse indirilir, yumruklamayla ilişkisi yoktur. Gerçekten tehdit edildiğinde, egemen erkek goril homurdanarak, rahatsız edene karşı hamlede bulunur. Öte yandan, bunlar yalnızca sahte hamleler olup, ender olarak sonuca erderilirler. Diğer vahşi hayvanların çoğu gibi, goril de güçlü düşmanlarını korkutup, gerçek bir savaştan kaçınmak üzere fiziksel şiddetten çok, kuvvet gösterisine başvurur.

Dayanıklılık

Hızı genellikle fazla abartılmakla birlikte, çita, kara hayvanlarının kuşkusuz en hızlısıdır. Saatte 100 km gibi hızlarla koşabilir. Ancak, bu hızını 1 km'nin altındaki mesafelerde sürdürebilir. Yine de bu, kısa mesafe koyucularının en hızlısından iki kat fazladır ve avını yakalaması için yeterlidir. Ancak çita hızına oranla, süper bir yırtıcı değildir; on avdan dokuzu başarısızlıkla sonuçlanır. Bazı küçük ceylan türleri de hemen hemen aynı hızda koşarlar. Üstelik bunlar çok daha dayanıklıdırlar ve çabuk yön değiştirebilirler. Sonuç olarak genellikle kurtulurlar ve çita yalnızca birkaç günlük ya da haftalık yavruların peşinde koşmak zorunda kalır. Ayrıca Orta Asya'da ve Hindistan'da yaşayan yaban eşeği de 100 km/saat hızla koşabilir ve bu hızı 25 km kadar sürdürebilir.

Böylece bir efsane daha yıkılmıştır. Bilimsel araştırmalar, doğruluğundan kimsenin kuşku duymadığı bilgilerin gerçekte yanlış olabileceğini bir kez daha göstermiştir.

SORULAR

1. Doğada güçlü olan hayvanların diğerlerine göre ayrıcalıkları nelerdir?
2. Efsanelerin yanlışlığının kanıtlanmasıyla ortaya çıkan doğrular nelerdir?
3. Hayvanlar aleminde yaşama önceliğini elde edebilmek için ne gibi özelliklere sahip olmak gerekir?
4. Goriller nasıl yaşarlar? Medya'da bize tanıtılan goril imajının gerçekle bir bağıntısı var mıdır?
5. Doğa ve Hayvan sevgisi hakkında bir kompozisyon yazınız.